Charles Coquelin

Les Douanes et les finances publiques

Essai

ISBN : 978-1973955108

10 9 8 7 6 5 4 3 2 1

Charles Coquelin

Les Douanes et les finances publiques

Essai

Table de Matières

Principes généraux d'une réforme douanière

Parmi les mesures économiques que la situation de notre pays réclame, il n'en est pas de plus urgente que la réforme de nos tarifs douaniers. Aussi, malgré les graves préoccupations du moment, ne craindrons-nous pas d'appeler sur cet important sujet l'attention publique. Améliorer la condition des classes ouvrières en leur procurant avant toutes choses ce qui est le principe de tout bien-être, *la vie à bon marché* ; favoriser le travail industriel en lui faisant obtenir à un prix moins élevé les matières premières qu'il met en œuvre et les instruments qu'il emploie ; augmenter enfin du même coup le revenu de la douane, en ouvrant un accès plus facile à ceux des produits étrangers qui ont été repoussés jusqu'ici par des prohibitions absolues ou par des droits prohibitifs : tels sont les résultats que la révision des tarifs nous offre en perspective. Il ne serait permis de les dédaigner en aucun temps : les négliger aujourd'hui serait un impardonnable tort.

Cette réforme est, disons-nous, la plus urgente de toutes. Elle est, en effet, la préparation nécessaire et en quelque sorte la clé de toutes les autres. Depuis longtemps, l'opinion publique réclame avec une instance trop légitime la réduction de certains impôts, ou même la suppression absolue de quelques autres, et certes, la situation nouvelle où la France se trouve placée, par suite de la révolution qui vient de s'accomplir, ne fera que donner une nouvelle force à ces réclamations si justes. Pourtant, à moins qu'on ne veuille désorganiser les services publics, ou qu'on ne se décide enfin, ce qui est d'ailleurs bien désirable, à supprimer tous les services superflus, toutes les fonctions parasites, en ramenant l'action de l'état dans ses limites naturelles, il n'est guère possible de diminuer le chiffre des impôts sans ouvrir ailleurs au trésor des sources plus abondantes de revenus. Or, comment et par quelle voie l'état pourrait-il augmenter son revenu, si ce n'est par la douane ? La douane est aujourd'hui le seul instrument fiscal dont le produit puisse augmenter sensiblement sans que le contribuable en souffre. Voilà comment une réforme de notre système douanier, qui aurait pour objet tout à la fois de procurer à l'industrie des facilités nouvelles et d'augmenter les recettes du fisc, est le préliminaire indispensable de toute amélioration sérieuse et positive.

Charles Coquelin

Une révision de nos tarifs dans le sens de la liberté du commerce n'était pas, il y a quelque temps, très populaire en France, nous le savons. On était parvenu à égarer sur ce point l'opinion publique on avait su rendre hostiles à cette mesure ceux même qui ont le plus d'intérêt à ce qu'elle s'effectue promptement ; mais nous serions bien trompé si cet état des esprits, qui changera bientôt sans aucun doute, n'avait pas déjà subi une modification sensible. Le nuage qu'on a travaillé avec tant d'art à épaissir autour de nous commence à se dissiper, et le public, duquel nous ne séparons pas les producteurs, finira par discerner ses intérêts véritables. Aussi cette même réforme que l'on repoussait naguère avec une obstination aveugle, on ne tardera pas, nous l'espérons, à l'invoquer à grands cris. Il importe que les bases en aient été discutées d'avance afin que le pays ne soit pas pris au dépourvu.

En 14840, dans une enquête demeurée justement célèbre, M. Mac Grégor, alors secrétaire du bureau du commerce en Angleterre, produisit devant la commission d'enquête un projet de révision du tarif qui a servi de point de départ aux réformes commencées trois ans après. Nous aurions pu prendre ce travail pour guide ; mais il fallait à la France quelque chose de plus. Un travail exécuté sur le plan de M. Mac Grégor ne serait pas assez explicite pour le public français. D'ailleurs, les résultats qu'il promettait ne nous satisferaient pas, parce que la situation de notre pays demande et permet davantage. On a dit souvent qu'entre l'Angleterre et la France les situations diffèrent, et rien n'est malheureusement plus vrai. Elles diffèrent en cela du moins, que, même avant l'exécution des plans de sir Robert Peel, bien des choses avaient été faites en Angleterre, bien des réformes tentées avec succès, depuis le ministère de M. Huskisson jusqu'au ministère de lord Melbourne ; que ces améliorations successives, toujours fécondes, quoique partielles, avaient déjà porté bien haut et la puissance industrielle, et les ressources financières, et la richesse finale du pays, tandis qu'en France tout est à faire. Dans cette carrière féconde où d'autres sont près d'atteindre le terme, nous sommes encore, hélas ! à nos débuts. En cet état, nous avons tout à la fois un grand effort à faire pour regagner le temps perdu, et de meilleures espérances à concevoir pour l'avenir. A une époque où les recettes de la douane anglaise s'élevaient déjà à plus de 500 millions de francs, chiffre qui nous paraîtrait, à nous, fabuleux, il a pu suffire à M. Mac Grégor d'offrir à son pays la perspective d'un accroissement d'un cinquième. Plus tard, il a pu suffire même à sir Robert Peel de ne réaliser qu'une partie de cette promesse, alors qu'il eût été facile de la réaliser tout entière ; mais la France peut et doit aspirer à un accroissement proportionnellement plus fort, par cela même qu'il lui reste plus à conquérir.

Ce que notre pays peut demander, sans exagérer ses prétentions, c'est que les recettes de sa douane soient pour le moins doublées en quatre ans. Tel est le résultat auquel nous tendons, et qu'il nous paraît facile d'obtenir. Le revenu qui dérive de la douane est tellement comprimé en France par l'exagération des faux principes que le système protecteur traîne après lui ; on a tellement resserré, tellement amoindri les sources principales d'où ce revenu découle, qu'il suffira de détendre les liens du système pour que ces mêmes sources jaillissent abondamment.

Il va sans dire que, si nous aspirons à augmenter en cela le revenu public, ce n'est pas dans un désir platonique de voir se remplir sans but les coffres de l'état, ou de mettre le gouvernement en mesure de grossir sans raison les dépenses. C'est afin de préparer l'accomplissement de tant de mesures utiles, toujours ajournées, à tort ou à raison, sous le prétexte des besoins présents de l'état. La révision des tarifs, c'est le commencement et la préparation nécessaire d'une longue série de réformes ; c'est le levier à l'aide duquel une main habile pourra remuer, pour le soumettre à un remaniement indispensable, tout notre système d'impôts. Et ce qui doit encourager encore les pouvoirs publics dans l'accomplissement de cette œuvre, c'est qu'en ceci, par une exception singulièrement heureuse, l'intérêt de l'industrie ou du travail se concilie admirablement avec l'accroissement des recettes publiques.

Depuis trente ans, l'industrie languit en France, l'agriculture végète, la marine se meurt, et il semble que nous n'ayons rien à faire pour ces intérêts vivants du pays. De toutes les réformes nécessaires, tant de fois proposées ou projetées, pas une ne s'exécute. Vainement les peuples voisins nous ont-ils donné tour à tour l'exemple ou des grandes entreprises, ou des améliorations incessantes dans leurs lois : nous nous sommes bornés à les contempler de loin, dans une admiration stupide et béate, en nous persuadant toujours, à ce qu'il semble, que la lumière ne devait pas luire pour nous. Il est temps que le pays se dégage de cette torpeur funeste. Faut-il le dire pourtant ? aujourd'hui qu'un violent coup de tonnerre l'a réveillé, c'est dans la région des songes et des chimères qu'il semble encore chercher le soulagement de ses maux, et non dans cette voie féconde qui s'ouvre devant lui. Espérons que l'assemblée nationale, obéissant à de meilleures inspirations, saura l'y ramener.

I.

Nous allons entreprendre un travail sérieux, compliqué, et qui n'a pas de précédents, même dans les régions officielles. Il ne s'agit de rien moins que de l'analyse détaillée et de la révision complète de nos tarifs. Déjà nous avons exposé ici même [1] les principes qui nous serviront de guides : il ne nous reste plus qu'à les rappeler et à les préciser.

Pour procéder avec méthode et opérer avec fruit, il faut d'abord, dans la longue série des marchandises que la douane atteint, distinguer deux ordres de produits, les produits naturels et les produits ouvrés. Cette distinction est la base fondamentale de toute réforme rationnelle. Elle dérive de ce principe ou de ce fait que, par rapport aux produits naturels, la concurrence intérieure est ordinairement bornée, quelquefois même resserrée dans des limites fort étroites, soit à cause de l'insuffisance de la production, soit en raison du petit nombre des exploitations existantes, tandis que, par rapport aux produits ouvrés ou manufacturés, cette même concurrence est en général indéfinie.

De là des conséquences fort graves. Par rapport aux premiers de ces produits, il y a toujours monopole à l'intérieur, lorsque la concurrence étrangère est absente, et ce monopole se manifeste nécessairement par une aggravation artificielle des prix. Un peu plus, un peu moins, selon que la production intérieure est plus ou moins limitée, plus ou moins en rapport avec l'étendue des besoins, cette influence désastreuse du monopole se fait toujours sentir. C'est ce qu'on remarque notamment pour certaines denrées agricoles et pour les produits des mines et des carrières, de quelque genre qu'ils soient. Il n'en est pas de même des articles fabriqués ou manufacturés. Ici, comme la production intérieure n'a pas de limites fixes, comme les peuvent toujours se multiplier et s'étendre au gré des besoins, le monopole n'est point à craindre : à défaut de la concurrence étrangère, la concurrence intérieure suffit à la rigueur pour modérer les prix. Ce n'est pas que les restrictions mises à l'importation étrangère soient dans ce cas indifférentes ; elles entraînent, au contraire, des inconvénients de plus d'un genre qu'il est fort désirable de voir disparaître un jour ; mais il est certain du moins que le danger le plus grave de tous, le danger du monopole, n'existe pas.

Cette vérité générale n'est pas, il est vrai, sans exception. S'il existe des fabriques ou manufactures dont le nombre soit, par une cause quelconque, limité dans le pays, elles rentrent à ce point de vue dans la catégorie des exploitations de produits naturels. Tel est, pour ne citer qu'un exemple, le cas particulier des manufactures de produits chimiques. La nature particulière du travail de ces établissements, les dangers qu'ils présentent, d'autres causes encore qu'il est superflu de rappeler, ont déterminé le législateur à les soumettre à l'obligation d'une autorisation préalable et à l'accomplissement d'un grand nombre de formalités qui en rendent l'érection difficile et en limitent le nombre dans le pays. En ce sens, ils rentrent dans le cas des exploitations de produits naturels. Quoique la cause soit différente, l'effet est le même, puisque cet effet résulte surtout de la limitation de la production. Aussi est-il certain, en fait, qu'un monopole existe pour les manufactures de produits chimiques, et que les exploitants en abusent largement pour élever leurs prix ; mais ce n'est là qu'une exception qui ne détruit pas la règle. Il reste toujours constant qu'entre les produits naturels et les produits ouvrés, il y a, au point de vue où nous nous plaçons, une différence réelle et capitale, différence qui dérive, sinon de leur nature même, au moins des conditions ordinaires de leur exploitation.

Partant de là, on comprendra sans peine combien il importe de réduire promptement, et dans une large mesure, les droits applicables aux produits naturels. C'est le seul moyen de couper court aux monopoles et à cette exploitation trop réelle du public qui en est la conséquence. Dût le revenu de l'état en recevoir sur ce point quelque atteinte, il ne faut pas hésiter ; car de tels monopoles dessèchent un pays, paralysent ses moyens d'action, ruinent sa puissance productive et tarissent en définitive les sources mêmes où le

Charles Coquelin

trésor vient puiser Relativement aux produits ouvrés, il n'y a pas la même urgence. On peut donc à cet égard, sans se préoccuper trop fortement de l'intérêt des consommateurs, qui n'est pas gravement menacé, consulter davantage l'intérêt du fisc, qui peut exercer d'utiles prélèvements sur ces articles, en ménageant d'ailleurs la position des établissements existants, qui ne doivent pas être ébranlés par un changement trop brusque.

Quant à l'intérêt du trésor public, on peut le concilier tant bien que mal avec des droits élevés, mais non pas avec des prohibitions absolues, ni même avec des droits vraiment prohibitifs. Il faut du moins que ces droits laissent ouverture à une certaine importation. Ce ne sont pas toujours d'ailleurs, on le sait trop bien, les droits les plus élevés qui rapportent davantage. Souvent même le fisc a tout à gagner par un abaissement. A ne considérer que la question fiscale, il y aurait donc ici une sorte de tâtonnement à faire pour trouver le point précis où, les droits deviennent le plus largement productifs pour le trésor ; mais dès l'instant qu'on tient compte, autant qu'il convient de le faire, de l'intérêt des établissements existants que leurs antécédents et l'état actuel du pays n'ont pas encore mis en mesure de soutenir la concurrence étrangère, on se trouve conduit, au contraire, à adopter dès l'abord des droits tels que, sans interdire l'importation des produits étrangers, ils la contiennent du moins dans des limites suffisamment étroites. Au risque de réduire un peu les recettes de la douane, il faut maintenir un tarif assez élevé pour dissiper toutes les appréhensions légitimes. C'est dans cet esprit que nous proposerons, pour la plupart des articles manufacturés, des droits de 15, 18, 20 et, comme maximum, 25 pour 100 de la valeur.

Nous savons que, sur la seule proposition d'un semblable tarif, un grand nombre de fabricants ou manufacturiers se récrieront, que plusieurs n'hésiteront même pas à annoncer aussitôt la ruine prochaine de leurs usines ; mais nous savons aussi tout ce qu'il y a de puéril dans ces appréhensions. Il n'y a pas une seule industrie de quelque valeur en France qui ne puisse se maintenir sans encombre, même dans les conditions actuelles, avec un droit protecteur de 25 pour 100. A plus forte raison, se maintiendraient-elles le jour où le prix des matières premières et des agens du travail aurait été sensiblement abaissé. Dans ce cas, loin de déchoir, elles pourraient même prétendre à un développement beaucoup plus grand.

On est trop porté à croire ou à dire que changer quoi que ce soit à nos tarifs, c'est se jeter dans l'inconnu. Il n'y a de l'inconnu dans tout cela que pour ceux qui ne veulent pas se donner la peine d'examiner. Quand nous n'aurions pas sous les yeux les exemples si instructifs fournis, depuis trente ans et plus, par un pays voisin, nous trouverions dans notre propre régime économique, pour toutes les réformes qu'on voudrait entreprendre, des antécédents ou des leçons. Grace au ciel, ce régime n'est pas uniforme ; il est, au contraire, très inégal, très irrégulier dans ses applications. Fort rigoureux quant à certains produits, il est d'une assez grande modération pour quelques autres. Il s'en faut bien, en effet, que les mêmes principes aient constamment prévalu. Les lois si nombreuses qui ont constitué nos tarifs ont varié selon les circonstances, selon les dates, en sorte qu'elles forment dans leur ensemble une sorte de régime bigarré, où l'on trouve, s'il est permis de le dire, un peu de tout. Rien de plus simple donc, et de plus naturel en même temps, que de raisonner par analogie de telle partie de ce régime à telle autre, en ayant égard seulement aux différences vraiment rationnelles qui peuvent s'y rencontrer. Il n'en faut guère davantage pour déterminer d'avance d'une manière assez précise les conséquences de toutes les réformes partielles ou générales que l'on voudrait tenter.

Un exemple fera mieux saisir notre pensée. L'industrie des tissus comprend quatre branches principales : la filature et le tissage du coton, de la laine, de la soie et du lin. En principe, ces quatre grandes industries devraient être traitées de la même manière et jouir d'une protection égale. C'est ce qui serait arrivé sans aucun doute, si les lois qui s'y rapportent avaient été faites dans le même temps et sous les mêmes inspirations. Au lieu de cela, on trouve dans le régime qui les concerne des inégalités frappantes. Par rapport aux articles en coton, fils et tissus, c'est la prohibition absolue de l'importation étrangère, excepté pour un petit nombre de produits hors ligne, comme les fils d'une extrême finesse, les tulles et les dentelles, dont il était impossible d'arrêter la contrebande, et les nankins. Par rapport aux articles en laine, c'est encore la prohibition, mais avec des exceptions déjà plus nombreuses, qui s'appliquent à une espèce de fils et à plusieurs sortes de tissus, comme les couvertures, les tapis de pied, les articles de passementerie et de rubannerie, etc. Les droits qui remplacent pour ces articles la prohibition absolue sont, au surplus, fort élevés. Quand on arrive, au contraire, aux articles en soie on en lin, le régime change, il devient relativement très modéré. Plus de prohibitions absolues. Pour les soieries, les droits varient de 10 à 15, 20 et 25 pour cent de la valeur et ne vont guère au-delà. Pour les articles en lin ou en chanvre, fils ou tissus, c'est environ 25 pour cent sur les provenances de l'Angleterre, 12 à 13 pour cent sur les provenances de la Belgique. Pourquoi des différences si grandes entre des industries semblables et placées à peu près dans les mêmes conditions ? L'unique explication raisonnable qu'on en puisse donner est dans la date des lois qui s'y rapportent ; car, s'il y avait aujourd'hui une différence à faire entre ces industries, ce n'est certainement pas en ce sens qu'elle serait établie. Les prohibitions datent de l'époque de nos guerres, et c'est tout dire [2] : elles furent inspirées par un sentiment d'hostilité déclarée contre l'Angleterre, avec laquelle nous voulions répudier tout commerce, et si elles n'ont pas été appliquées alors aux articles en soie et en lin comme aux articles en coton ou en laine, c'est que ces derniers étaient les seuls que l'Angleterre exportât alors. Plus tard, ces prohibitions ont été maintenues, on peut le dire, par négligence, par paresse, négligence et paresse auxquelles les préjugés ont donné ensuite un faux air de prudence et de raison. Pour les articles en soie et en lin, les tarifs ont été réglés à d'autres époques et sous l'inspiration de sentiments moins violents, en 1791, 1816, 1836 et 1842 ; aussi les droits sont-ils comparativement modérés, et ils le sont plus ou moins selon qu'au moment où les lois ont été rendues, l'esprit restrictif dominait plus ou moins dans la législature.

Entre ces régimes si divers, il est donc très facile d'établir une comparaison, et, concluant de l'un à l'autre, de raisonner presque à coup sûr. On peut se demander d'abord pourquoi et en vertu de quelle infirmité particulière, les industries du coton et de la laine, qui prétendent aujourd'hui, par l'organe d'un certain nombre de leurs représentants, que la levée des prohibitions leur serait mortelle, pourquoi ces industries, disons-nous, ne supporteraient pas, sans sourciller, le régime de droits modérés auquel se plient si bien les industries sœurs de la soie et du lin. Si ces dernières ne suc-

14

combent pas, pourquoi les autres succomberaient-elles ? Les droits modérés qui s'appliquent aux soieries et aux toiles étrangères n'en empêchent pas, il est vrai, l'importation dans une certaine mesure, et il n'est pas bon qu'ils l'empêchent ; mais où voit-on qu'ils donnent ouverture à cette invasion désordonnée, à cette inondation dévastatrice que l'on redoute ? Si les industries de la soie et du lin ne jouissent pas actuellement d'une prospérité très grande, ce n'est pas du moins la concurrence étrangère qui en arrête l'essor.

Pour les tissus de soie, l'importation n'a été, en 1846, que de 5,400,000 francs, valeur officielle ; la moyenne des cinq années antérieures avait été de 5,800,000 francs. Non-seulement ces chiffres n'ont rien d'effrayant, mais on peut dire qu'ils sont trop faibles. Si quelque chose nuit aujourd'hui à notre industrie des soieries, ce n'est assurément pas cette importation chétive ; c'est l'état stationnaire de l'exportation, qui demeure à peu près invariable, malgré l'accroissement continu et si rapide de la consommation dans le monde entier. Que cette industrie soit mise en mesure, par l'abaissement. du prix de ses matières premières, soies brutes, métaux, matières tinctoriales, huiles, machines, etc., d'étendre ses envois au dehors, ce qui ne manquerait pas d'arriver, et la concurrence étrangère, loin de lui porter aucun dommage, ne fera que lui donner un plus rapide essor.

Pour les articles en lin ou en chanvre, l'importation est plus forte. C'est, quant aux tissus, 17 millions de fr. en 1846, et, pour la moyenne des cinq années antérieures, 20 millions ; — quant aux fils, 17,300,000 fr. en 1846, et, pour la moyenne des cinq années, 35,300,000 francs [3]. Eh bien ! malgré l'importance relative de cette importation, est-ce encore là ce qui gêne les fabricants français ? Quelques-uns peut-être le disent par habitude, mais les plus attentifs savent le contraire et le proclament hautement. Leur industrie souffre, il est vrai, mais ce n'est pas l'importation étrangère qui en est cause ; ils s'en préoccupent à peine aujourd'hui. Ce qui les gêne, c'est le défaut de consommation ; c'est la concurrence intérieure, qui, bien que restreinte encore, est déjà trop grande en raison du débouché ; c'est enfin la décroissance continue de la consommation des toiles et le défaut presque absolu de la vente des fils à l'étranger. Donnez à cette industrie comme à l'autre ses matières premières à bon marché, le lin et le chanvre, soit teillés, soit peignés, la houille, la fonte, le fer, l'acier, le bois, l'huile et le reste, et vous la verrez bientôt prendre une activité nouvelle, tant par l'augmentation de la consommation au dedans que par l'ouverture de nouveaux débouchés au dehors, sans que l'importation étrangère, dût-elle s'accroître encore, fasse le moindre obstacle à ses progrès.

Si les industries de la soie et du lin souffrent si peu, sous l'empire de tarifs modérés, de la concurrence étrangère, pourquoi les industries du coton et de la laine en souffriraient-elles davantage` ? Les situations sont différentes, dira-t-on : oh ! oui, elles sont différentes, mais ce n'est pas comme on voudrait l'entendre. C'est plutôt en ce sens que les deux industries actuellement protégées par des prohibitions absolues pourraient supporter la concurrence étrangère beaucoup mieux que les deux autres, beaucoup mieux surtout que l'industrie du lin.

La manufacture du lin et du chanvre, au moins celle qui fait usage des machines, est, de toutes les branches de notre industrie, la plus nouvelle, et, par conséquent, celle qui a pu et dû faire le moins de progrès. Elle est aussi, et sans comparaison, la plus grevée de toutes. Outre qu'elle paie des droits assez élevés sur ses principales matières premières, le lin et le chanvre, et que ces droits ne lui sont pas restitués à la sortie, elle supporte beaucoup plus qu'aucune autre les conséquences de l'exhaussement artificiel du prix des houilles, des métaux, des huiles, du cuir, du bois et de toutes les autres matières qu'elle emploie. Cela résulte de ce que ses machines sont à la fois plus compliquées et plus lourdes, de ce qu'il y entre une plus grande quantité de fonte, de fer et d'acier. Les concurrences qu'elle rencontre à l'étranger ne sont pas d'ailleurs moins redoutables que celles qui menacent toute autre industrie. Si avec tant de circonstances désavantageuses l'industrie linière peut se soutenir actuellement sous l'abri d'un droit de 25 pour 100 vis-à-vis de l'industrie anglaise, de 12 à 13 pour 100 vis-à-vis de l'industrie belge, qui osera nous affirmer en face qu'une prohibition absolue est nécessaire à l'industrie de la laine ou du coton ?

La manufacture du coton est aujourd'hui très avancée en France, où elle est déjà fort ancienne. Elle est pourtant inférieure, nous le reconnaissons, à la manufacture anglaise, mais en quoi et pourquoi ? Sans parler du coût relativement plus élevé du coton brut, des houilles, des machines, etc., elle est inférieure en cela surtout qu'elle n'opère pas sur une aussi grande échelle, et que la division du travail n'y est pas poussée au même degré. Et si l'on cherche la cause de cette infériorité, on trouvera qu'elle dérive de ce que la consommation, entravée par le haut prix des matières premières, est moins étendue, soit au dedans, soit au dehors. Vainement espère-t-on que cette infériorité s'effacera avec le temps : elle durera autant que la cause d'où elle dérive. Après tout, cette infériorité, quoique réelle, n'est pas aussi grande ni aussi générale qu'on le prétend. Il s'en faut qu'elle établisse en moyenne des différences de 25 pour 100 sur les prix. Elle disparaît par rapport à certains articles que nous produisons aussi bien et à aussi bas prix que l'Angleterre ; elle est même remplacée pour quelques autres articles, par exemple les tissus imprimés, par une supériorité décidée et manifeste. En veut-on la preuve ? que l'on consulte seulement le tableau de nos exportations. Tandis que ces exportations ne se sont élevées, pour les tissus de lin et de chanvre, qu'à une somme de 26,300,000 fr., elles ont atteint, pour les tissus de coton, le chiffre de 139,800,000 fr. Pour les fils, c'est 865,000 fr. d'un côté et 7,700,000 fr. de l'autre. La comparaison est donc tout à l'avantage de l'industrie du coton : aussi peut-on dire qu'une protection de 15 à 18 pour 100 au plus équivaudrait largement pour elle à la protection de 25 pour 100 qui couvre l'industrie du lin. Par conséquent, en proposant comme mesure transitoire et d'essai, pour remplacer la prohibition actuelle, un droit moyen de 22 à 25 pour 100 de la valeur, nous nous portons bien au-delà des limites que la prudence indique.

La situation est la même quant à la manufacture des laines, ou, s'il existe une différence, c'est en ce sens que cette industrie pourrait se contenter d'une protection encore moins forte. Pour les cotonnades, ce qui explique à certains égards les craintes des fabricants, c'est la supériorité connue de la fabrique anglaise, supériorité réelle, bien qu'on s'en exagère la portée. Pour les lainages, il n'existe pas même de raison semblable ; car il est permis de dire que, par rapport aux articles les plus importants, les draps, les mérinos, les étoffes diverses, les châles brochés et façonnés, la fabrique française est la première de l'Europe. Sans compter que le chiffre de ses exportations, qui s'est élevé à 108,600,000 fr. en 1846, s'accroît rapidement d'année en année, il est remarquable que ses produits trouvent leurs principaux débouchés dans les pays les plus avancés en industrie, dans ceux-là même dont elle semblerait devoir redouter la concurrence, en Angleterre, eu Belgique, en Suisse, dans les pays qui composent l'association allemande et aux États-Unis. Il semble donc qu'à cette industrie un droit protecteur de 10 à 15 pour 100 devrait amplement suffire, surtout quand on l'aurait mise à même, pour les tissus communs, de fabriquer à plus bas prix. En portant ces droits, de même que les autres, à 23 ou 25 pour 100 de la valeur, comme essai, nous pécherions assurément par excès de précaution beaucoup plus que par défaut.

Rien d'aventureux, rien d'hypothétique, on le voit, dans ces combinaisons. On va du connu à l'inconnu avec méthode, et on procède à coup sûr. Dès-lors on peut aussi déterminer d'avance, au moins d'une manière fort approximative, l'influence que ces mesures exerceraient sur le revenu public. Si l'intérêt fiscal devait seul prévaloir, on a déjà compris que ce n'est pas par des droits de 22 à 25 pour 100 qu'il faudrait remplacer les prohibitions actuelles, mais par des droits de 10 à 15 pour 100 tout au plus. Avec le tarif que nous proposons, l'importation serait très médiocre et n'égalerait certainement pas celle des articles en chanvre et en lin. Elle excéderait pourtant, au moins dans les premières années, celle des soieries, qui ne s'est élevée, en 1846, qu'à 5,400,000 francs. Sans craindre de s'éloigner beaucoup de la vérité, on peut prendre une sorte de moyenne entre ces deux chiffres. Ce serait donc une importation annuelle d'environ 12 millions de francs en tissus de coton, et un peu moins en tissus de laine, sans compter les fils, dont l'importation s'élèverait peut-être, pour le coton, à 15 ou 16 millions, et pour la laine à 5 ou 6 tout au plus. Ces importations réunies constitueraient ainsi un chiffre total d'environ 45 millions de francs, ce qui, à raison de 25 pour 100 de la valeur, produirait au trésor publie un revenu de 11 à 12 millions par an.

De ce que nous avons admis sous ce nouveau régime une importation raisonnable de produits fabriqués, en concluera-t-on par hasard que les manufactures nationales verraient empirer leur position ? C'est le contraire qui se réaliserait sans aucun doute. Les fabricants sont trop portés à croire que tout ce qui entre de produits étrangers dans le pays vient diminuer d'autant leurs ventes. Ils ne comptent pas assez sur l'accroissement de la consommation au dedans, et sur l'extension des débouchés au dehors, conséquences nécessaires de l'abaissement des prix. Encore s'il s'agissait seulement de les exposer à la concurrence étrangère sans diminuer d'un autre côté leurs charges, on comprendrait à certains égards leurs craintes, bien qu'elles fussent exagérées même dans ce cas ; mais, quand on considère qu'une des premières conditions de la réforme du tarif est et doit être le dégrèvement des droits sur les matières premières qu'ils emploient, certes, il est permis de dire qu'ils auraient tout à gagner au changement. L'admission même des produits étrangers serait alors pour eux un avantage plutôt qu'un obstacle, parce qu'outre les lumières et les connaissances nouvelles qu'elle leur apporterait par la comparaison incessante des produits, elle tendrait à introduire plus rapidement dans leurs opérations cette spécialité, qui est une des conditions nécessaires de l'économie dans le travail et de la perfection des produits. Eh ! ne l'a-t-on pas vu en Angleterre, en 1826, pour l'industrie des soieries, qui a dû à l'influence de cette double cause une vie nouvelle ? Loin d'admettre dans ce cas la possibilité d'une décroissance de notre industrie nationale, nous compterions d'une manière certaine sur un notable accroissement.

II

L'admission des produits fabriqués, moyennant la levée des prohibitions actuelles ou la conversion des droits prohibitifs en droits modérés, offre donc aujourd'hui au trésor public une source de revenus où il peut puiser, dans une certaine mesure, sans crainte et sans scrupule. Nul intérêt n'en souffrira. Cette source de revenus serait d'ailleurs actuellement assez féconde, ainsi qu'on a pu en juger par deux exemples. Elle suffirait amplement pour compenser, durant la période de transition, les sacrifices que l'état pourrait et devrait s'imposer par rapport aux produits naturels. Il ne faudrait pourtant pas compter sur ce premier résultat comme sur un fait durable. Aux droits de 25 pour 100, les cotonnades et les lainages, fils et tissus, entreraient aujourd'hui en quantités assez notables dans le pays ; mais cette importation tendrait à décroître d'année en année, et, si l'on voulait la raviver de manière à la maintenir à peu près à son premier niveau, il faudrait se résoudre à un abaissement graduel des droits, en sorte que, de toutes les façons, le revenu diminuerait. On conçoit, en effet, que nos fabricants ou manufacturiers, excités par la concurrence étrangère et bientôt aguerris dans la lutte, se mettraient assez vite en mesure de repousser l'importation par l'économie de leur travail et la perfection de leurs produits. Ceci n'est pas plus hypothétique que tout ce qui précède : c'est une vérité que le plus simple bon sens force d'admettre et que tous les faits contemporains confirment. En voici un exemple.

En 1834, une ordonnance royale du 2 juin autorisa pour la première fois l'importation en France des fils de coton des numéros 143 et au-dessus, au droit fixe de 7 francs le kil. pour les fils simples, et de 8 fr. pour les fils retors, non compris le droit différentiel et le décime [4]. Cette ordonnance fut ensuite confirmée par une loi du 2 juillet 1836. Eh bien ! quels ont été les résultats de cette mesure ? En 1835, première année pleine de la levée de la prohibition, l'importation des fils de coton s'éleva à 83,900 kil., d'une valeur officielle de 2,097,000 francs. En 1836, elle, alla même à 98,520 kilog., évalués à 2,485,000 francs ; mais ensuite elle déclina peu à peu. En 1845, elle était déjà tombée à 44,144 kil., d'une valeur officielle de 1,060,644 fr., c'est-à-dire qu'elle était tombée de plus de moitié en dix ans, et, en 1846, nous ne trouvons pour le poids que 41,767 kil., et, pour la valeur, 993,282 francs. Si l'on compare, en outre, l'importation des six premières années à celle des six dernières années de la période de douze ans écoulée depuis le commencement de 1835, on arrive aux mêmes résultats. Pour les six premières, on trouve an chiffre total de 415,800 kilog., donnant une moyenne annuelle de 69,300 kil., tandis que, pour les six dernières, le chiffre total n'est plus que de 352,621 kil., et la moyenne annuelle de 58,770, ce qui annonce bien clairement une décroissance constante.

Il en a été de même pour les fils et tissus en lin et en chanvre depuis l'établissement du nouveau tarif en 1842. Pour les fils, l'importation, qui avait été d'environ 46 millions (valeur officielle) en 1842, n'est plus que de 27,700,000 fr. en 1845, et de 17,300,000 fr. en 1846. Pour les tissus, elle tombe, également de 1842 à 1846, de 23,500,000 francs à 17,000,000. Et pourtant rien n'a été fait dans cet intervalle de temps pour venir en aide à ces industries et les mettre en mesure de résister mieux à la concurrence étrangère. C'est par leurs propres efforts, par l'effet seul du progrès de leur travail, qu'elles sont parvenues à réduire de jour en jour le chiffre des importations. Avec combien plus de puissance et d'efficacité ne résisteraient-elles pas à ces importations, s'il leur était permis d'obtenir et les instruments du travail et leurs matières premières à bon marché !

Si précieuse que puisse être actuellement pour le trésor public la ressource que lui offre l'importation des produits fabriqués, ce n'est donc pas une ressource sur laquelle on doive compter beaucoup pour l'avenir. A mesure qu'on entrera dans la voie d'une réforme salutaire, les recettes dérivant de cette source tendront à s'affaiblir par degrés. De là naît une situation en apparence perplexe. Perçus sur les produits naturels dont le pays possède les similaires, les droits d'importation tendent à engendrer de toutes parts à l'intérieur des monopoles destructeurs de la fortune publique. Perçus sur les produits fabriqués, ils n'ont pas les mêmes inconvénients, mais aussi ils s'affaiblissent par degrés et s'échappent en quelque sorte de nos mains. Dès-lors que reste-t-il pour asseoir d'une manière convenable et rationnelle le revenu de la douane ? Ce qui reste, ce sont les droits à percevoir sur les produits exotiques, c'est-à-dire sur les produits dont les similaires n'existent pas dans le pays.

Il y a des gens qui vous disent hardiment qu'il n'y a point de produits exotiques, que ces distinctions sont arbitraires, que tous les produits étrangers ont plus ou moins leurs similaires ou leurs équivalents dans le pays. Ne nous arrêtons pas à disputer sur les mots. Il nous suffit qu'il y ait un certain ordre de produits dont nous ne trouvons pas parmi nous les similaires directs, que nous appelons en conséquence exotiques, et qui, n'étant pas sujets aux mêmes lois que les autres, sont susceptibles de produire un revenu plus considérable et plus constant. Telles sont, par exemple, toutes les denrées dites coloniales, le sucre [5], le café, le cacao, le thé, les épices. Nous pourrions même y joindre les cotons bruts, les bois de teinture et d'ébénisterie, et beaucoup d'autres produits du même ordre, si ces produits n'étaient pas des matières premières qu'il importe de faire arriver sur notre marché à bas prix.

La distinction entre ces marchandises et celles que notre propre sol fournit est si peu arbitraire, en ce qui concerne particulièrement leur aptitude à grossir le revenu public, qu'elle se manifeste en quelque sorte d'elle-même dans tous les pays où il existe une douane régulière. Examinez les recettes de la douane chez la plupart des peuples de l'Europe, et vous verrez que partout les produits que nous nommons exotiques en fournissent la meilleure part. Cela est vrai même dans les pays, et ils sont en grand nombre, où les tarifs ont été dressés au hasard, sans principe, sans système, dans un esprit fiscal mal défini et mal réglé ; à plus forte raison dans les pays où, sans avoir procédé avec méthode, on a fait du moins quelques tentatives empiriques pour féconder cette branche de revenu. Voyez, par exemple, ce qu'étaient les recettes de la douane en Angleterre, vers 1839 ou 1840, à une époque où, certes, aucun principe bien arrêté n'avait présidé à la rédaction des tarifs. Pour l'année finissant au 5 janvier 1840, elles s'étaient élevées à 22,962,610 livres sterling (574,000,000 de fr.), et les droits perçus sur les seuls articles exotiques figuraient dans cette somme pour 17,240,000 livres sterling (431,000,000 de fr.), c'est-à-dire pour plus des trois quarts de la somme totale. En France même, quels sont, malgré l'incroyable inconsistance et les vices profonds de notre système, les principaux articles de recettes ? Les sucres, les cafés, les cotons en laine ; et, si l'on voit figurer au quatrième rang les laines en masse, c'est qu'il existe aussi plusieurs sortes de laines qui sont pour nous des produits exotiques, parce que nous n'avons pas les similaires dans le pays. Vous avez beau faire, de quelque manière que vous régliez vos tarifs, sur tous les autres produits le revenu s'amoindrit ou vous échappe ; il n'y a que les produits vraiment exotiques qui répondent fidèlement à votre appel.

Si ces produits sont dès à présent nos principaux articles de recettes, ils sont en même temps ceux qui offrent les meilleures chances d'augmentation. Que l'on combine les droits comme on voudra sur les autres, on n'en obtiendra jamais que des recettes médiocres, qui seront d'ailleurs ou fugitives et passagères, comme celles que l'on prélèverait sur les produits ouvrés, ou trop chèrement acquises, comme celles qui dériveraient des produits naturels. Les denrées exotiques sont donc vraiment les seules qui soient susceptibles de procurer un large revenu, les seules aussi qu'on puisse taxer impunément. C'est quand on voudra s'attacher, avec quelque esprit de suite, à tirer de cet ordre de produits tout ce qu'il peut rendre, qu'on verra les recettes de la douane grossir à vue d'œil et soulager d'autant le poids de nos impôts.

Voici donc, en résumé, les principes qui doivent nous guider dans un remaniement du tarif et les résultats que nous devons nous proposer : -opérer de nombreuses et très notables réductions de droits sur les produits naturels dont les similaires existent dans le pays, dût-on, sur les produits de cet ordre, diminuer la part du revenu ; — compenser à peu près les sacrifices que le trésor public aurait à subir de ce côté, en supprimant les prohibitions, ou en réduisant les droits prohibitifs qui frappent les articles manufacturés, de manière à ménager une importation raisonnable de ces articles, sans faire courir toutefois à la manufacture nationale aucun danger d'ébranlement ; — combiner enfin les droits sur les produits exotiques, de telle sorte qu'ils procurent dès à présent une notable augmentation de revenu, avec la perspective assurée d'une augmentation plus grande encore dans l'avenir.

C'est en suivant cette marche rationnelle qu'on peut arriver en France, sans effort et sans trouble, à élever les recettes de la douane, après un terme qui n'excéderait pas trois ou quatre ans, à 300 millions et plus. Quelques hommes à imagination trop prompte portent même beaucoup plus loin le chiffre de cet accroissement possible. Nous croyons qu'ils s'abusent ; mais si l'on considère que les recettes de cette administration ne s'élèvent pas actuellement à plus de 150 à 153 millions, dont il faudrait encore déduire les frais de perception, qui sont considérables, et les restitutions effectuées à titre de primes, on comprendra que l'accroissement dont nous offrons la perspective certaine est un objet qui vaut la peine d'être poursuivi. Il y a d'autant plus de raison de s'y attacher avec constance, que ce but peut être atteint non-seulement sans aggraver, mais encore en allégeant sensiblement les charges publiques.

III

Outre les résultats que nous venons d'indiquer, il y en a un autre vers lequel il faut tendre : c'est la simplification du tarif. Tout ce code fiscal est aujourd'hui d'une complication effrayante. D'abord, il n'est point de produit, si chétif, si insignifiant qu'il soit, que la douane n'atteigne. Il en résulte que le tarif est surchargé d'un nombre prodigieux d'articles, dont la plupart ne rapportent presque rien au trésor, et plusieurs même rien du tout, sans qu'on puisse apercevoir d'ailleurs aucune raison spécieuse pour les y maintenir. En outre, on y a multiplié les distinctions à l'infini : distinctions entre des produits de même sorte, selon les qualités intrinsèques de la matière, selon les formes ou les dimensions des pièces ; distinctions selon les lieux de provenance ou d'expédition ; distinctions encore selon le mode de transport, selon les zones, ou quelquefois même selon les bureaux d'importation. Nous ne parlons pas des droits différentiels destinés à favoriser notre marine marchande, et qui, établis sans aucune base fixe, varient selon l'espèce des marchandises, selon les lieux de provenance, de manière à constituer à eux seuls un labyrinthe inextricable. Ajoutez à cela que, pour la plupart des marchandises, il y a des droits à la sortie comme à l'entrée, ce qui double d'un seul coup les applications du tarif. Tel qu'il est, ce tarif peut être considéré comme une vaste toile d'araignée, mais une toile d'araignée à fortes mailles, où notre commerce est de toutes parts enveloppé et étouffé.

Une des premières mesures à prendre pour ramener ce système à des formes plus simples, c'est de supprimer d'un seul coup tous les droits à la sortie. Le produit de ces droits n'allant jamais à deux millions par an (1,900,000 fr. en 1846, 1,600,000 en 1845), le sacrifice pour le trésor serait fort peu sensible, et ce serait pour le service de la douane, aussi bien que pour les opérations du commerce, un grand soulagement. Y a-t-il par hasard quelque considération sérieuse d'intérêt particulier ou général qui s'oppose à l'application d'une telle mesure ? Aucune. Les articles dont on paraît tenir le plus à entraver la sortie sont, d'abord, quelques matières premières, que l'on croit devoir réserver à nos manufactures, comme, par exemple, les soies brutes, frappées d'un droit de 2 à 6 fr. le kilog. selon l'espèce, et les drilles et chiffons, dont on prohibe même l'exportation dans l'intérêt de nos fabriques de papier. Ce sont, en outre, les engrais, qu'on veut faire rester dans le pays, afin d'en réserver l'emploi à nos manufactures. Avec un peu de réflexion, il ne sera pas difficile de comprendre combien ces mesures atteignent mal le but qu'on se propose.

Quant aux soies brutes, en entraver l'exportation par des droits, c'est tout simplement en restreindre la production à l'intérieur, et par conséquent travailler contre les intérêts mêmes de la manufacture que l'on prétend favoriser. On s'imagine qu'en mettant des entraves à la sortie des soies, on en laisse une plus grande quantité disponible pour l'usage de nos propres fabricants. Le calcul serait juste peut-être si la production de la soie était rigoureusement déterminée et limitée dans le pays, de manière qu'elle ne fût susceptible ni d'augmentation, ni de diminution. Alors on pourrait dire en effet : La France produit telle quantité de soie brute, il en faut tout autant pour nos manufactures ; donc nous n'avons rien de mieux à faire, puisqu'il nous plaît cette fois de favoriser le travail manufacturier aux dépens des classes agricoles, que de réserver à nos manufactures, au moyen d'entraves à la sortie, toute la quantité produite. Mais, comme la production intérieure est, au contraire, très susceptible d'augmentation on de diminution, et comme, par la force des choses, elle se proportionne toujours à l'étendue du débouché, tout ce calcul manque de hase. En entravant l'exportation, vous limitez la production ; vous diminuez par conséquent les ressources du marché, au grand dommage des manufacturiers mêmes, dont l'intérêt évident est que ces ressources augmentent, puisque, se trouvant sur les lieux, ils ont toujours, après tout, la préférence et le choix. Ainsi, votre mesure, nuisible autant qu'injuste à l'égard des classes agricoles, est en même temps nuisible à ceux qu'elle prétend servir ; l'agriculture et la manufacture en souffrent à la fois. En fait, les manufacturiers en soieries n'ont pas demandé l'établissement des droits de sortie sur les soies brutes, et aujourd'hui surtout ils sont loin d'en réclamer le maintien, plus judicieux en cela que leurs maladroits amis ; mais ce n'est point assez, et ils devraient, dans leur intérêt même, insister pour la suppression immédiate.

Tout cela s'applique avec la même force, bien que d'une autre manière, aux drilles et chiffons, et encore plus aux engrais. N'est-il pas étonnant qu'on ait cru devoir entraver par des restrictions, ou même par des prohibitions absolues, l'exportation de matières si encombrantes et si lourdes, comme si leur poids seul, comparé à leur valeur, n'était pas une garantie suffisante qu'elles seraient consommées sur place, quand on pourrait les y consommer avec fruit ? De la législation actuelle il résulte seulement que quelques-unes de ces matières deviennent parfois un embarras, et un embarras grave pour ceux qui les possèdent, quand il serait facile d'en trouver un emploi avantageux par la vente au dehors. Une telle législation porte atteinte au droit de propriété, tout le monde le sent ; elle entraîne aussi, dans bien des cas, une destruction très réelle

Charles Coquelin

d'une partie plus ou moins intéressante de la richesse publique.

Quoiqu'on ne puisse procéder d'une manière aussi radicale en ce qui regarde les droits d'importation, il y a néanmoins ici encore une immense simplification à obtenir. Quand on examine avec attention le relevé des recettes de la douane, et qu'on le suit dans ses détails, on est frappé de voir combien est borné le nombre des articles réellement et suffisamment productifs, et on admire, au contraire, combien d'autres ne donnent que des résultats insignifiants. On pourrait donc en écarter la plus grande partie sans altérer d'une manière sensible le revenu. Cette vérité paraît du reste avoir été comprise, car, dans le projet de loi de douane présenté à la chambre des députés le 31 mars 1847, on trouve un essai d'un semblable travail d'élimination. Malheureusement ce travail n'a pas été suffisamment élaboré. Outre qu'il porte de toutes parts la trace d'une timidité trop grande, timidité qui est bien loin d'être la vraie prudence, il nous paraît avoir été exécuté sans plan, sans méthode, sur des principes erronés, ou plutôt avec une absence complète de tous principes, et, s'il faut dire notre pensée tout entière, avec une connaissance trop imparfaite des faits.

Déterminons d'abord le nombre des articles sur lesquels il faut opérer. Ce nombre varie beaucoup selon la manière dont on les compte. Faut-il s'arrêter seulement aux désignations capitales, c'est-à-dire aux espèces de marchandises, ou bien faut-il descendre jusqu'aux subdivisions et admettre autant d'articles distincts qu'il y a de droits différents ? Si nous nous en tenons aux dénominations principales, sans distinguer les variétés et les espèces, en comptant, par exemple, toutes les sortes de bestiaux ou toutes les sortes d'huiles comme un seul et même article, nous n'en trouvons en tout au tarif que 349 ; mais cette manière de calculer serait évidemment trop inexacte, car nous comprendrions ainsi sous une seule et même dénomination des marchandises très distinctes et traitées aussi fort diversement par le tarif. Si nous entrons, au contraire, dans les subdivisions, en admettant autant d'articles distincts qu'il y a de droits différents, alors nous en trouvons 1484, sans tenir compte, bien entendu, des droits de sortie ni des droits différentiels établis sur chaque espèce de marchandise, et qui varient selon les provenances et les pavillons, ni même des prohibitions absolues, dont nous faisons une classe à part. Ainsi, 344 ou 1484, voilà les nombres que nous trouvons dans le tarif. Ce n'est pourtant ni à l'un ni à l'autre de ces chiffres que nous nous sommes arrêté. Au lieu de prendre notre point de départ dans le tarif, nous l'avons pris dans le relevé des recettes de la douane, puisqu'aussi bien ce sont les recettes que nous considérons. Ainsi, nous comptons autant d'articles distincts que la douane a mentionné de recettes distinctes. Par là il est clair que le nombre en est considérablement réduit, d'abord, parce que la douane réunit souvent plusieurs articles en un seul, quand la somme des droits perçus est trop faible pour être mentionnée séparément ; ensuite, parce qu'on ne voit figurer en recette ni les articles prohibés, ni ceux dont l'importation a été nulle, et le nombre de ces derniers n'est pas petit. Malgré ces confusions et ces omissions, le nombre des articles portés séparément en recette dans les tableaux de la douane s'élève encore à 948. C'est sur ce dernier chiffre que nous établirons nos calculs.

Pour nous rendre compte de la manière dont ces 948 articles concourent à constituer le revenu, divisons-les en six classes : la première comprendra ceux qui ont produit moins de 100 francs l'un ; la seconde, ceux qui ont produit moins de 1,000 fr. ; la troisième, moins de 10,000 fr. ; la quatrième, moins de 100,000 fr. ; la cinquième, moins de 1 million ; la sixième, 1 million et au-delà. Cela posé, voici comment les 948 articles signalés se répartissent [6]

	Nombre d'articles	Produit moyen par article	Produit total
Ire classe.	128	31 fr. 64 cent.	4,051 fr.
2e -	226	433 fr. 95	98,074
3e -	283	4,000 fr. 00	1,132,000
4e -	215	30,885 fr. 85	6,640,458
5e -	79	307,088 fr. 37	24,259,982
6e -	17	7,057,629 fr. 17	119,979,696
	948		152,114,261 fr.

Sans nous arrêter à quelques observations particulières qui ressortiraient de ce tableau, nous voyons que la suppression de tous les articles qui composent la première classe n'entraînerait pour le trésor qu'une perte insignifiante de 4,051 fr., et que si l'on supprimait, en outre, tous ceux de la deuxième classe, la perte ne s'élèverait encore qu'à un peu plus de 100,000 francs.

En prenant le tableau en sens inverse, voici ce que nous trouvons. Sur une recette totale de 152 millions, les 17 articles qui composent la sixième classe ont seuls produit environ 120 millions. Si on y ajoute ceux de la cinquième classe, on trouve un nombre total de 96 articles, qui ont produit ensemble 144,239,678 fr., en sorte qu'il ne reste pour tous les autres articles réunis, qui sont dans le tableau au nombre de 852, et qui s'élèveraient par le fait à plus de 1,000, qu'une recette totale de 7,874,583 francs. Il suit de là qu'on pourrait faire disparaître du tarif plus de 1,000 articles sans que le revenu public fût affecté d'une perte égale à 8 millions. L'économie qu'on pourrait obtenir sur le service de la douane couvrirait seule au besoin cette différence. Et quelle admirable facilité n'en résulterait-il pas pour les relations commerciales ! A ce point de vue, la perte que nous admettons sur le revenu rie serait même qu'hypothétique, car nos relations avec le dehors se multiplieraient si bien, que les 96 articles maintenus au tarif fourniraient seuls, et au-delà, les 152 millions actuellement perçus sur tout l'ensemble.

Cette vue serait pourtant incomplète, et ce n'est pas uniquement d'après ces indications que nous avons cru devoir procéder. Il y a tels articles qui, dans l'état présent des choses, produisent très peu, — parce que, les droits qui les frappent étant excessifs, l'importation en est presque nulle, et qui seraient susceptibles de procurer d'abondantes perceptions, s'ils étaient soumis à des droits plus modérés. Il y en a d'autres, au contraire, qui figurent maintenant parmi nos principaux articles de recettes, et qu'on devrait se résoudre à dégrever fortement dans l'intérêt de l'industrie nationale, dussent-ils produire beaucoup moins ; tels sont, pour ne citer qu'un exemple, les cotons bruts. Il ne s'agit pas uniquement, en effet, de simplifier le tarif, mais encore de le rendre à la fois plus favorable à l'industrie dans ses tendances et plus fécond pour le trésor. Pour résoudre ce double problème, des radiations opérées d'une manière sommaire, si nombreuses qu'elles fussent, ne suffiraient pas. Il ne faut rien moins qu'une élaboration nouvelle, un remaniement profond et raisonné, où l'on ne supprime qu'à propos, où tantôt on élève, tantôt on abaisse le chiffre des recettes, selon les cas, en demandant dès à présent la plus grande partie du revenu aux articles qui sont le mieux faits pour le produire.

Quelque difficile et compliqué qu'un tel remaniement paraisse, et qu'il soit en effet, nous avons osé l'entreprendre. Nous avons donc pris le tarif, aussi bien que le tableau des recettes de la douane, section par section, chapitre par chapitre, en descendant autant qu'il était nécessaire dans les détails. Qu'on ne s'effraie pas d'avance de l'aridité d'un tel travail. Il est moins ardu qu'il ne le paraît d'abord, d'autant mieux que nous avons pris pour nous seul la plus grande partie de ses aspérités, en dissimulant le plus souvent les recherches et les comparaisons laborieuses qu'il nécessite. Peut-être aussi que la plupart de ces aspérités s'effacent devant l'importance des résultats.

IV

Le tarif, aussi bien que le tableau des recettes de la douane, qui est disposé dans le même ordre, se divise en quatre grandes sections, comprenant, la première, les *matières animales* ; la deuxième, les *matières végétales* ; la troisième, les *matières minérales* ; la quatrième, les *fabrications*. Ainsi, les trois premières sections embrassent tous les produits naturels des trois règnes ; la quatrième comprend seule tous les articles fabriqués ou manufacturés. Chacune de ces sections se divise ensuite en plusieurs chapitres, où les matières de même nature sont classées selon l'espèce. Toute cette classification n'est peut-être pas irréprochable, au moins dans son application, car on voit figurer dans les fabrications, par exemple, les vins, qui ne sont pas plus un produit fabriqué que les huiles, et qui méritent beaucoup moins ce titre que certaines peaux préparées, que les lins rouis, teillés et peignés, que les fers et les aciers en barres ou en tôles, et beaucoup d'autres articles qu'on voit figurer parmi les produits naturels. Sans nous arrêter toutefois à cette difficulté de détail, nous adopterons la classification établie, en examinant tour à tour, suivant leur ordre, chacune des sections et chacun des chapitres dont la série se compose. Seulement nous écarterons de la seconde section le chapitre des denrées coloniales, pour en former une section distincte. Ce qui nous détermine à le faire, c'est que ce chapitre, qui est dès à présent le premier de tous quant à l'importance des recettes, peut et doit acquérir immédiatement une importance encore plus grande, et plus tard constituer presque seul, selon nous, la base de cette partie du revenu public.

PREMIERE SECTION. – MATIÈRES ANIMALES.

La première section, celle des matières animales, se divise en cinq chapitres désignés comme suit : Iº animaux vivants ; 2º produits et dépouilles d'animaux ; 3º pêches ; 4º substances médicales ; 5º matières dures à tailler.

Animaux vivants. — Le chapitre des animaux vivants présente, dans les tableaux de la douane, vingt-un articles de recette. Le nombre en serait même plus grand, si l'on suivait en cela l'ordre du tarif, où divers articles, tels que les béliers, brebis, moutons et agneaux, que le tableau de la douane confond, sont distingués comme frappés de droits différents. Le produit total des droits perçus a été, en 1844, de 2,927,510 fr., en 1845, de 2,692,128 fr., et, en 1846, de 2,406,893 fr., soit, en nombres ronds, et pour nous en tenir au chiffre de 1845, 2,700,000 fr. [7].

Voici comment ce produit s'est réparti sur les principales espèces d'animaux

	francs
Espèce chevaline	736,470
Espèce ovine	822,396
Espèce bovine	924,493
Porcs et cochons de lait	168,506
TOTAL	2,650,865 fr.

On voit que ces seules espèces ont fourni à peu près le montant total des droits perçus sur les animaux vivants, et qu'il ne reste plus qu'une somme presque insignifiante pour tous les autres. Nous croyons donc qu'il conviendrait d'abord, pour éviter des complications fâcheuses, et pour faciliter nos relations avec l'étranger, de supprimer les droits sur tous les animaux vivants autres que ceux qui appartiennent aux quatre espèces mentionnées, d'autant mieux que nul intérêt existant ne pourrait en souffrir. On admettrait ainsi désormais, en toute franchise, les mules et mulets, les ânes et ânesses, les boucs, chèvres et chevreaux, les chiens de chasse, les ruches à miel, les sangsues, et même le gibier, la volaille et les tortues.

Reste à voir quelle serait, par rapport aux espèces maintenues au tarif, l'échelle des droits, et ce que deviendrait le revenu. Nous avons dit, en traitant dans cette Revue la question de l'agriculture [8], que, par rapport aux animaux de l'espèce bovine, on pourrait revenir tout d'abord au tarif de 1822. Ce n'est pas à dire qu'il convienne de reproduire exactement toutes les dispositions de ce tarif, qui n'étaient pas à beaucoup près irréprochables [9].

Il importe d'abord que le droit sur les bœufs, qui est actuellement de 50 francs par tête, non compris le décime, soit réduit à 20 francs. Il faudrait ensuite graduer convenablement la taxe sur les animaux de la même espèce, vaches, taureaux, etc. Actuellement, le droit sur les vaches n'est que de 25 francs par tête, c'est-à-dire moitié de celui qui atteint les bœufs. La disproportion est évidente, car il s'en faut qu'il y ait en général une différence de moitié sur la valeur : aussi l'importation des vaches est-elle actuellement beaucoup plus considérable que celle des bœufs ; c'est 20,000 têtes contre 5,000, année moyenne. Ce n'est pas là d'ailleurs la seule inégalité qu'on remarque dans ce tarif. Pour remédier à cet inconvénient, nous réglerions les droits comme suit : sur les vaches, 14 fr. par tête au lieu de 25 ; sur les taureaux, 12 fr. au lieu de 15 ; sur les bouvillons et taurillons, 8 fr. au lieu de 15 ; sur les génisses, 9 fr. au lieu de 12, 50, et sur les veaux, 2 fr. au lieu de 3.

Sous l'empire de ce nouveau tarif, il n'est pas douteux que l'importation augmenterait beaucoup, et l'accroissement serait surtout sensible sur les bœufs d'une part, sur les bouvillons et taurillons de l'autre Par suite de l'exagération du droit actuel, il n'est entré en France, en 1845, que 5,046 bœufs, en 1846 que 5,874, importation ridicule pour un pays tel que le nôtre. On en comprendra toute l'insignifiance, si l'on considère qu'elle ne suffirait pas pour la consommation d'une semaine de la seule ville de Paris [10], et qu'elle

Charles Coquelin

excède à peine l'exportation que nous faisons des mêmes animaux pour les petites îles Jersey et Guernesey. Si nous disons que, sous l'empire du nouveau droit, l'importation des bœufs s'élèverait annuellement à 20,000 têtes, ce qui serait encore fort peu, nous resterons au-dessous de la vérité, car l'importation des vaches, avec un droit de 25 francs par tête, s'est élevée à un pareil chiffre en 1845. Il en serait de même pour les bouvillons et taurillons, dont il n'a été importé, en 1845, que 931 têtes, aussi bien que pour les génisses, qui ne sont entrées qu'au nombre de 1,706. L'augmentation serait moins forte pour les vaches et les veaux ; mais elle serait encore assez grande pour compenser l'abaissement de la taxe. Il est donc permis de dire que la réduction des droits sur le bétail, telle que nous la proposons, loin de diminuer sur ce chef les recettes de la douane, les augmenterait d'une manière sensible. On peut croire que ces recettes s'élèveraient pour le moins de 924,000 francs, chiffre de 1845, à 1,200,000 francs. Toutefois, afin de nous mettre toujours dans nos évaluations plutôt au-dessous qu'au-dessus des résultats probables, nous supposerons qu'elles s'élèveraient seulement à 1 million.

Il pourrait y avoir une augmentation tout aussi forte sur les animaux de l'espèce ovine, béliers, brebis et moutons. Il n'en est entré, en 1845, que 149,337 têtes, et pour des animaux de cette espèce, dont la France est d'ailleurs si dépourvue, c'est assurément fort peu. Aussi le droit actuel est-il exorbitant : 5 francs par tête pour des animaux dont la valeur officielle n'est que de 17 francs [11]. C'est environ 30 pour 100 de la valeur. Nous proposerons de réduire ce droit à 2 fr. 50 c. par tête. Pour les agneaux, on laisserait subsister le droit actuel, qui n'est que de 50 cent. Nous supposerons que l'accroissement de l'importation ne ferait ici que compenser l'abaissement de la taxe, et nous porterons en conséquence en recette le chiffre de 1845, 822,396 francs.

Il y a moins d'exagération dans les droits qui frappent aujourd'hui les animaux de l'espèce chevaline. Ce n'est que 25 francs par tête pour les animaux formés, chevaux entiers, hongres et juments. Cela vient probablement de ce que le gouvernement, avant besoin d'un grand nombre de chevaux pour le service des remontes de la cavalerie, a mieux senti le poids des taxes et tout le dommage qui en résulte. Nous réduirons le chiffre actuel de 5 francs seulement, afin de mettre la taxe en rapport avec celle qui serait établie sur les bœufs. Quant au droit de 15 francs sur les poulains, il est excessif. Il faudrait le réduire à 8 francs au plus, afin de permettre à nos cultivateurs de former des élèves qui leur serviraient à plusieurs fins. Ainsi réduits, les droits sur les animaux de l'espèce chevaline produiraient aussi une recette à peu près égale à la recette actuelle, qui a été, en 1845, de 735,470 francs.

Restent les porcs. Le droit de 12 francs par tête sur cet article n'est pas moins exagéré que celui qui frappe les bœufs, et il conviendrait de le réduire à 6 francs. L'importation, qui n'a été que de 9,865 têtes en 1845, et de 3,453 seulement en 1846, serait certainement triplée sous ce nouveau régime. On peut en juger rien que par l'importation actuelle des cochons de lait, qui, avec un droit modéré de 40 cent., s'est élevée, en 1845, à 101,295 têtes. La recette s'élèverait donc alors de 123,895 francs, chiffre de 1845, à 185,841 francs. Comme il n'y aurait pas lieu de changer le droit sur les cochons de lait, et que par conséquent le chiffre de la perception se maintiendrait à son niveau actuel, on pourrait compter sur une recette totale de 230,452 francs.

En récapitulant les résultats auxquels nous nous sommes arrêté pour les quatre espèces d'animaux vivants maintenus au tarif, voici ce que nous trouvons pour l'ensemble du chapitre :

	Francs
Espèce bovine	1,000,000
Espèce ovine	822,996
Espèce chevaline	735,470
Porcs et cochons de lait	230,452
TOTAL	2,788,918 fr.

Soit, en nombre rond, 2,789,000 francs, ou environ 90,000 francs de plus qu'en 1845.

Produits et dépouilles d'animaux. — Le chapitre des produits et dépouilles d'animaux comprend environ cent articles sujets à des droits d'importation ; nous disons *environ*, parce que le nombre peut varier en plus ou en moins, selon la manière dont on les compte. Ces articles sont compris, dans les tableaux de la douane, sous vingt-huit chefs principaux, savoir : viandes salées, viandes fraîches ; peaux brutes fraîches, peaux brutes sèches, pelleterie, cheveux, laines, crins, poils, plumes, cents de vers à soie, soies, poil de Messine, cire non ouvrée, graisses, lait, fromages, beurre, œufs de volaille et de gibier, miel, présure, engrais, résidu de noir animal, oreillons, nerfs de bœufs et d'autres animaux, sang de bétail (sauf celui de bouc desséché), boyaux frais ou salés, et vessies autres que celles de cerfs ou de poissons. Chacun de ces chefs comprend plusieurs articles distincts, ou que le tarif distingue en leur appliquant des droits différents.

De ces divers articles, les plus importants, soit par rapport aux recettes qu'ils procurent, soit par rapport au rôle qu'ils jouent dans l'industrie ; sont ceux que l'on a compris sous les dénominations suivantes : viandes fraîches ou salées, peaux brutes, laines, soies, suifs et fromages. Ce sont aussi les seuls qu'il soit utile de maintenir, au moins provisoirement, dans le tarif. Tous les autres pourraient en être immédiatement rayés, sans qu'il en résultât un vide sensible pour le trésor, et sans qu'aucune branche de l'industrie nationale eût le moins du monde à en souffrir.

En ce qui concerne d'abord le revenu public, tous les objets, en si grand nombre, qui sont compris dans la catégorie générale des *produits et dépouilles d'animaux*, n'ont rapporté ensemble au trésor, en 1844, que 14,534,596 francs, et, en 1846, 14,704,74,3 francs [12]. Or, dans ces chiffres, les laines seules sont comprises pour plus de 11 millions ; les graisses ou suifs, pour environ 1,600,000 francs en 1844, et 1,300,000 fr. en 1845 ; les fromages, pour 650 à 700,000 fr. ; les peaux brutes, pour 500 à 600,000 fr., et les soies, pour environ 250,000 fr. Qu'on fasse la soustraction, et l'on verra que le produit de tous les autres articles se réduit à très peu de chose. Dès-lors, quel intérêt l'état aurait-il à maintenir cette complication fâcheuse dans nos tarifs ?

Quant à l'industrie nationale, il n'y a pas un de ces articles dont la libre importation doive lui porter le moindre ombrage. Assurément, nul ne s'inquiétera de voir entrer librement en France la pelleterie, ni les plumes, ni les œufs de vers à soie, ni le poil de Messine, ni enfin tous les autres produits ci-dessus dénommés.

Non-seulement ces radiations ne léseraient aucune industrie nationale établie, mais elles seraient très favorables à beaucoup d'autres. Les dépouilles d'animaux sont en général des matières premières auxquelles un pays industrieux comme le nôtre peut donner un fort utile emploi, et qu'il ne produit jamais en quantité suffisante. Il est probable que l'importation en franchise de ces matières ferait refleurir en France quelques branches très intéressantes de l'industrie nationale, qui ont malheureusement décliné depuis cinquante ans.

Tout ce chapitre si compliqué des produits et dépouilles d'animaux serait donc réduit à six articles principaux. Reste à voir à quels droits il conviendrait de soumettre ces articles, en combinant les ménagements dus à l'industrie indigène avec l'intérêt du trésor public.

Pour les laines brutes, nous avons déjà eu occasion de dire que le droit, qui est actuellement de 20 pour 100, devrait être immédiatement réduit de moitié. L'intérêt seul du trésor nous a empêché de proposer dès à présent une réduction plus forte. En effet, nous sommes convaincu que l'agriculture, loin d'en souffrir, aurait lieu de s'en féliciter. Outre les raisons générales qui font que l'agriculture souffre plutôt qu'elle ne profite des droits établis en sa faveur, il y en a une particulière pour les laines. C'est là un produit à certains égards exceptionnel. Il y a dans les laines brutes une si grande variété d'espèces, et ces espèces ont des emplois si distincts, qu'il n'est pas exact de dire que les laines étrangères viennent faire concurrence aux nôtres. Au contraire, comme, dans un grand nombre des travaux de la manufacture, on est forcé de combiner diverses sortes de matières brutes pour donner aux produits ouvrés toute la perfection qu'ils doivent avoir ou le cachet particulier qui leur convient, il est certain que l'importation des laines étrangères favorise l'emploi des laines du pays, en créant ou en développant plusieurs branches de la manufacture qui ne pourraient pas exister ou prospérer sans cela. Aussi a-t-on toujours remarqué, soit en Angleterre, soit en France, qu'à mesure que l'importation des laines étrangères devenait plus abondante, celles du pays trouvaient un emploi plus facile et plus courant, et que l'effet contraire se produisait quand cette même importation était entravée ou interdite. Ce n'est donc pas dans l'intérêt de l'agriculture, mais seulement dans l'intérêt du trésor, qu'il conviendrait de maintenir, quant à présent, un droit de 10 pour 100 sur les laines. Il faut savoir maintenant à quoi se réduirait, avec un tel droit, le produit sur cet article.

Il est d'abord certain que l'importation des laines étrangères augmenterait. La manufacture des lainages, favorisée tout à la fois par ce dégrèvement sur ses matières premières et par toutes les autres réductions dont elle profiterait, sur la houille, le fer, les huiles, le bois, les matières tinctoriales, etc., verrait ses débouchés grandir au dedans et au dehors. Toutefois l'accroissement de la consommation ne serait pas assez considérable pour compenser, dans l'intervalle d'un an ou deux, l'abaissement des droits. Il y aurait donc, selon toute apparence, une diminution de revenu à subir sur cet article. On atténuerait le déficit, si l'on avait soin de redresser quelques erreurs fâcheuses qui se remarquent dans l'assiette des droits. Les laines, disons-nous, sont actuellement soumises à un droit de 20 pour 100 ; mais cela n'est vrai que pour les laines brutes. Quand elles sont peignées, elles paient un droit de 30 pour 100 ; teintes, un droit de 300 fr. les 100 kilogrammes. Pourquoi ces différences ? On remarquera que les droits actuels sur ces derniers articles sont vraiment prohibitifs, car le produit ne s'en est élevé, pour les trois années que nous considérons, que de 30 à 35,000 fr. pour les laines peignées, et seulement de 20 à 50 francs pour les laines teintes. Y a-t-il quelque ombre de raison à maintenir de telles anomalies ? Les fabricants français savent peigner et teindre la laine tout aussi bien que d'autres, s'ils n'ont pas même une supériorité réelle sous ce rapport. Un droit exactement proportionnel à celui qui pèse sur les laines brutes, c'est-à-dire de 10 pour 100 dans le tarif que nous proposons, serait très suffisamment protecteur pour eux ; et pourtant il ne laisserait pas de permettre l'importation d'une certaine quantité de marchandises étrangères, ne fût-ce que pour quelques parties de la France éloignées de nos grands centres de production, et que leur situation géographique met en rapport avec les producteurs étrangers plutôt qu'avec les producteurs français. La réduction du droit, sans nuire à notre industrie, serait donc très favorable à ces localités particulières, et elle augmenterait d'autant les ressources du trésor. Avec cette précaution, nous croyons que la recette sur les laines ne descendrait pas, même dès la première année de l'abaissement du droit, au-dessous de 8 millions, pour reprendre en peu d'années son niveau actuel. Supposons toutefois, pour faire la part large aux éventualités, qu'elle tombât à 7 millions. Ce serait alors une perte de 4 millions que le trésor aurait à supporter sur cet article.

En ce qui concerne les viandes fraîches ou salées, l'abaissement du droit aurait, au contraire, pour effet certain, d'augmenter le revenu, et cela dès les premières années. Nous conviendrons toutefois que ce revenu aurait bien de la peine à s'élever jamais très haut ; aussi proposerions-nous purement et simplement la suppression de cet article, s'il n'était pas convenable qu'il y eût un certain rapport de traitement entre ces deux marchandises de même nature, les viandes et les bestiaux.

Le droit sur la viande fraîche de boucherie est actuellement de 18 fr. les 100 kilogrammes : en 1845, il a produit 9,078 francs. Le droit sur la viande salée est, pour le porc, de 33 francs, et pour la viande de boucherie, de 30 francs ; la recette a été, en 1845, pour le premier de ces articles, de 40,520 francs, et pour le second, de 3,477 francs. Ces trois articles réunis, en y ajoutant même la viande fraîche de gibier et de volaille, n'ont donc produit en tout au trésor qu'environ 53,000 francs ; c'est dire assez que, sous le régime actuel, l'importation est presque nulle. Croira-t-on que, dans un pays tel que la France, qui compte une population de 36,000,000 d'âmes, où la viande est si rare, où l'on se plaint sans cesse, et avec raison, que le peuple en consomme trop peu, l'importation pour notre usage de la viande de boucherie, tant fraîche que salée, ne s'est pas élevée en tout, en 1845, à plus de 52,000 kilog. ? Pour juger de toute l'insignifiance de cette importation, il suffit de la comparer à celle de la viande de gibier ou de volaille, consommation de luxe, qui a été plus de trois fois plus forte, puisqu'elle s'est élevée, dans la même année, à 179,860 kilogrammes. Un tel état de choses est à la fois un malheur et un scandale. L'importation de la viande salée de porc, bien qu'un peu plus élevée (121,467 kilogrammes en 1845) est encore insignifiante eu égard à nos besoins. Ce sont là des chiffres ridicules pour un pays tel que le nôtre. Ils témoignent d'une tension très violente dans le tarif : s'il faut le dire, ils accusent aussi dans ceux qui font les lois bien peu de souci pour les besoins des masses. Nous proposerons de réduire les droits sur ces articles pour le moins des cinq sixièmes, et, afin d'éviter des complications

Charles Coquelin

inutiles dans le tarif, nous les ramènerons tous, sans distinction des espèces de viandes, au taux uniforme de 5 francs les 100 kilogrammes. Avec un tel droit, l'importation s'élèverait à un chiffre respectable, c'est-à-dire dix, quinze ou vingt fois plus fort que le chiffre actuel, et ce serait encore trop peu. Les recettes de la douane augmenteraient donc plutôt qu'elles ne diminueraient. Nous supposerons pour abréger, et en restant au-dessous des résultats probables, que la recette sur ces articles serait seulement doublée, ce qui ne ferait encore qu'un peu plus de 100,000 fr. par an.

Sur les peaux brutes, les droits ne sont pas en général très élevés, mais l'assiette en est fort inégale, et le tarif est en outre trop compliqué. Il distingue d'abord les peaux en deux classes, selon qu'elles sont fraîches ou sèches. Dans chacune de ces classes, il distingue encore les grandes peaux des petites, c'est-à-dire celles des bêtes à cornes de toutes les autres. Dans les petites, il sépare les peaux de moutons et de brebis des peaux d'agneaux, les unes et les autres des peaux de chevreaux. Par rapport aux peaux de moutons ou d'agneaux, il admet une nouvelle distinction entre celles qui sont revêtues de leur laine et celles qui en sont dépouillées, puis entre celles qui pèsent plus d'un kilogramme et celles qui pèsent moins ; enfin, pour combler la mesure, il établit, quant aux grandes peaux sèches, quatre droits différents, selon la provenance de la marchandise ou le pavillon qui l'a portée ; distinctions oiseuses, puériles, pour ne rien dire de plus, et qu'il faut se hâter de supprimer !

Sur les grandes peaux, tant fraîches que sèches, le droit est faible ; il ne va pas à 2 pour 100 de la valeur ; mais, sur les petites, il s'élève jusqu'à 10, 13, 14 pour 100 et plus. Pourquoi des différences si fortes ? Quelle est la raison plausible qui les justifie ou les explique ? Il est remarquable que, parmi ces droits si divers, ce sont les plus faibles qui sont les plus productifs pour le trésor. Il est vrai qu'ils s'adressent à l'objet de consommation le plus considérable, les grandes peaux ; mais il nous paraît hors de doute que les autres produiraient davantage s'ils étaient plus modérés. Comme, d'un autre côté, il est d'un grand intérêt pour le pays de favoriser l'importation des peaux brutes, qui alimentent plusieurs branches fort intéressantes de notre industrie, en même temps qu'elles fournissent un précieux élément de fret à notre marine [13], nous proposerons de ramener tous ces droits divers à un taux uniforme qui serait calculé sur celui auquel sont actuellement sujettes les grandes peaux. A ces conditions, nous croyons que la recette sur cet article, qui a été, en 1845, d'environ 800,000 francs, et beaucoup moindre en 1844 et en 1846, s'élèverait, dès la première année, à 1,000,000 de francs.

Les droits sont en général faibles sur les soies écrues : 5 francs les 100 kilogrammes pour les soies grèges, et 10 francs pour les soies moulinées, ce qui est peu comparativement à la valeur ; mieux vaudrait encore qu'ils fussent entièrement supprimés. Cependant on a taxé trop fortement certaines variétés de ce produit, et particulièrement les soies teintes. Nous ne pourrions que répéter ici ce que nous avons déjà dit au sujet des laines teintes ; il faut entre ces droits divers, dans l'intérêt de l'industrie même aussi bien que dans l'intérêt du trésor, une juste proportion, et cette proportion n'existe pas. Aussi l'importation des variétés plus grevées que les autres est-elle presque nulle. En rétablissant la proportion des droits, on mettrait cette importation dans un juste rapport avec celle des soies brutes, sans qu'elle puisse toutefois devenir jamais très considérable. Alors le produit sur cet article, qui a été, en 1845, de 285,000 francs, s'élèverait sans peine à 500,000.

Les graisses se divisent en quatre espèces, savoir : graisses de cheval et d'ours, graisses de bœuf et de mouton ou suif, graisse de porc ou saindoux, et enfin plusieurs autres espèces non dénommées, dans lesquelles sont comprises les dégras de peaux. Le droit était, en 1844, de 10 francs les 100 kil. pour les suifs et saindoux, de 19 francs pour les graisses de cheval et d'ours, et de 40, 48 et 50 fr., selon les provenances, pour les dégras de peaux. Sous ce régime, le montant des droits perçus s'était élevé, en 1844, à environ 1,600,000 fr. Depuis ce temps, en vertu de la loi du 9 juin 1845, le droit sur les suifs et saindoux a été porté à 15 fr. au lieu de 10. La diminution des recettes ne s'est pas fait attendre. L'importation, qui avait été de 9,300,000 fr. (valeur officielle) en 1844, et de 7,100,000, en moyenne, pour les cinq années antérieures, est tombée, en 1845, à 5,400,000 francs, et la recette de la douane, de 1,600,000 fr. à 1,367,000. Elle n'a même été guère que de 1,200,000 fr. en 1846. Il va sans dire que les graisses de cheval et d'ours, sujettes à des droits beaucoup plus forts, ne procurent en général que des recettes insignifiantes. On pourrait ramener tous ces droits divers au taux uniforme de 8 francs les 100 kilogrammes. Cette mesure offrirait, avec plusieurs autres avantages, celui de favoriser les utiles relations que nous entretenons avec la Russie du nord, et elle rétablirait promptement dans les recettes de la douane le niveau de 1844, si même elle ne le dépassait pas. C'est donc 1,600,000 fr. qu'il faut compter sur cet article.

Sur les fromages, particulièrement sur les fromages durs, le droit, qui est de 15 francs les 100 kil., est trop fort : on pourrait le réduire à 8 fr., en laissant subsister sur les fromages de pâte molle, si on le jugeait utile, le droit actuel de 6 fr. les 100 kil. La recette sur cet article, qui a été, en 1845, de 630,000 fr., chiffre inférieur à la moyenne quinquennale, tomberait peut-être alors à 500,000 fr.

Si nous récapitulons maintenant ces résultats, voici ce que nous trouverons sur l'ensemble du chapitre des *produits et dépouilles d'animaux*, réduit, comme on l'a vu, à six articles principaux :

	Recettes présumées
Laines brutes, peignées, lavées et teintes	7,000,000 fr.
Viandes fraîches ou salées	100,000
Peaux brutes	1,000,000
Soies	500,000
Graisses	1,600,000
Fromages	500,000
TOTAL	10, 700,000 fr.

La recette de 1845, sur l'ensemble du chapitre, ayant été de 14,700,000 fr. [14], la perte pour le trésor serait ici de 4 millions.

Pêches. — Le chapitre des produits de la pêche, tant d'eau douce que d'eau salée, comprend de 20 à 30 articles. Il pourrait être comme les autres grandement simplifié. Il ne serait pas difficile non plus d'augmenter, s'il était nécessaire, le produit des droits perçus, qui n'a été, en 1845, que de 253,000 fr. ; mais remuer cette matière, ce serait soulever des questions de navigation maritime qui nous écarteraient de notre sujet. Nous laisserons donc ce chapitre intact, en exprimant seulement l'espoir de le voir remanier plus tard, quand on voudra s'occuper sérieusement des intérêts de notre marine marchande. Dès-lors, la recette de 1845 peut être maintenue sans altération dans nos calculs.

Substances médicales. — Voici, au contraire, un chapitre que nous voudrions voir supprimer immédiatement tout entier. Parmi les vingt-quatre ou vingt-cinq articles dont il se compose, il n'y en a aucun dont l'existence dans le tarif puisse s'expliquer par des raisons seulement spécieuses. Est-ce par hasard dans l'intérêt du trésor qu'on les y a fait figurer ? Sur la moitié de ces articles, les recettes sont nulles, par exemple, sur les vipères, les cloportes, la civette, les râpures d'ivoire, les queues de rat musqué, les bézoards, les yeux d'écrevisse, la moelle et les vessies de cerf, le sang de bœuf desséché, les os de corne de cerf, les pieds d'élan, etc. Pour les autres, qui ont produit quelque chose, comme les cantharides, le musc et ses variétés, le castoreum, les cornes de cerf et de snack, les râpures de cornes de cerf, les éponges communes ou fines, les antales et l'ambre gris, le montant total des droits perçus n'a été, en 1845, que de 123,000 fr., et en 1844, de moins de 120,000 fr. Est-ce bien la peine de charger la loi de prescriptions fâcheuses pour arriver à un pareil chiffre de recette ? On comprend, du reste, rien qu'à voir l'énumération de ces articles, que nulle industrie nationale n'est intéressée au maintien des droits qui les frappent. S'il est vrai, comme le tarif le suppose, qu'on puisse les considérer tous comme des substances médicales, c'est une raison de plus pour les en affranchir. Nous supprimerons donc entièrement ce chapitre. C'est une diminution de 120,000 fr. en moyenne sur le revenu public.

Matières dures à tailler. — Le chapitre suivant, dernier de la section et qui comprend les matières animales dures à tailler, ne se justifie guère mieux dans son ensemble et ses détails. Les articles qu'on y voit figurer, et dont chacun est divisé en plusieurs espèces, sont : les dents d'éléphant, la nacre de perle, les écailles de tortue, les os et sabots de bétail, les cornes de bétail, etc. Ils ont donné ensemble 462,000 francs en 1845, et seulement 154,000 francs en 1844, revenu bien peu important, auquel l'état devrait avoir encore le bon esprit de renoncer. Il n'y a pas une de ces matières, d'ailleurs, dont l'importation en franchise doive porter le moindre ombrage aux intérêts existants, et toutes sont au contraire d'un fort utile emploi pour plusieurs industries intéressantes, telles que la tabletterie, la bimbeloterie, la joaillerie, etc., dans lesquelles la France n'occupe pas assurément le dernier rang. Ce serait un nouveau sacrifice pour le trésor d'environ 160,000 francs par an.

Ainsi se termine notre revue de la première section, relative aux matières animales. Voici l'exposé sommaire des résultats obtenus. Le nombre des articles, qui s'élève, dans le tarif actuel et dans les tableaux de la douane, à 200 et plus, se réduit dans notre plan, bien que nous ayons maintenu sans altération le chapitre relatif aux produits de la pêche, à 42 ou 43. Les différences quant aux recettes se produisent de la manière suivante :

	Recettes actuelles 1845	Recettes présumées
Animaux vivants	2,692,128 fr.	2,789,000 fr.
Produits et dépouilles d'animaux	14,704,743	10,700,000
Pêches	252,724	252,000
Substances médicales	122,702	»
Matières dures à tailler	161,737	»
TOTAUX	17,934,034 fr.	13,741,000 fr.

C'est une différence en moins de 4,200,000 francs sur tout l'ensemble de la section. Nous aurons bien encore, dans la suite de cet examen, des diminutions semblables à constater ; mais ces diminutions, on le verra plus tard, seront amplement compensées par des augmentations.

Notes

1.   Voyez, dans les livraisons des 15 août et 1er septembre 1846, des 15 janvier et 1ermars 1847, la série de nos études sur la Liberté du Commerce et les Systèmes de Douanes.

2.   Les prohibitions pour les fils et tissus de laine ou de coton datent du 10 brumaire an V. Voici, pour ce qui regarde particuliè-

rement les fils de coton, une histoire abrégée du tarif. La loi du 15 mars 1791 en avait permis l'importation aux droits de 1 fr. 23 cent. ; ou 4 fr. 59 cent. le kilog., selon les provenances. La loi du 10 brumaire an V les prohiba. Plus tard, un arrêté consulaire du 6 brumaire an XII, confirmé par une loi du 22 ventôse même année, en permit de nouveau l'importation aux droits de 4 fr., 4 fr. 50 cent., 5 fr. et 6 fr. le kil., selon les numéros. En 1806, un décret impérial du 22 février, confirmé par une loi du 30 avril suivant, prohiba les fils de coton pour mèches, en admettant les autres au droit de 7 fr. le kilog. En 1809, un décret impérial du 22 décembre prohiba de nouveau tous les fils sans distinction. Cette prohibition générale fut maintenue jusqu'en 1834, époque où une ordonnance du 2 juin, confirmée plus tard par la loi du 2 juillet 1836, permit l'importation des fils d'une extrême finesse, au-dessus du n° 143 métrique, aux droits de 7 fr. et 7 fr. 70 cent. pour les fils simples, 8 fr, et 8 fr. 80 cent. pour les fils retors. C'est ce dernier régime qui est encore en vigueur.

3.   Nous ne parlons pas de l'importation de 1847, qui a été encore inférieure à celle de 1846, mais qu'on peut considérer comme exceptionnelle, à cause de la crise des subsistances qui e affecté toutes les consommations.

4.   il est difficile de dire quelle est la proportion de ces droits fixes avec la valeur, parce que la valeur change selon les numéros. Pour le n° 143, la proportion est au moins de 50 à 60 pour 100 ; mais pour le n° 200, elle n'est plus guère que de 22 à 26 pour 100 ; pour le n° 250, tout au plus 10 à 12 pour 100, et pour le n° 300, elle serait encore bien moindre. La manufacture française file actuellement jusqu'au n° 300, ce qu'elle ne faisait pas avant la levée de la prohibition. Les filés étrangers au-dessus du n° 143 étaient alors fournis par la contrebande.

5.   Il y a quelques réserves à faire au sujet du sucre depuis l'établissement de la fabrication du sucre indigène ; nous y reviendrons.

6.   Ces calculs, étant faits depuis plus d'un an, ont été dressés à l'aide des tableaux qui se rapportent à l'année 1844. Comme ils sont assez longs à faire, il a paru inutile de les recommencer sur les tableaux relatifs aux armées 1845 et 1846, d'autant mieux que les

Charles Coquelin

résultats de ce genre varient peu d'une année à l'autre.

7. Tous ces calculs ont été faits d'abord sur les tableaux relatifs aux années 1844 et 1845. Nous les avons pourtant complétés, toutes les fois que cela pouvait être utile, à l'aide des tableaux de 1846. Au reste, entre ces trois années 1844, 1845 et 1846, la différence des recettes est presque insignifiante sur l'ensemble.

8. Voyez la livraison du 1er mai 1847.

9. Le tarif de 1822 admettait une distinction entre les bêtes maigres et les bêtes grasses. Rien n'était, en principe, plus raisonnable et plus juste ; c'était d'ailleurs une disposition très propre à favoriser l'engraissement du bétail dans le pays ; mais cette disposition était d'une application très difficile et sujette à beaucoup d'abus dans la pratique. Il n'y a point de caractères généraux, point de signes précis, par lesquels la loi puisse établir nettement la distinction entre, une bête maigre et une bête grasse. Il fallait donc s'en rapporter ou à la déclaration des importateurs ou au jugement des employés. C'était laisser la porte toute grande ouverte ou à l'arbitraire ou à la fraude. Aussi l'arbitraire et la fraude avaient-ils alors beau jeu. Il y avait un autre moyen d'appliquer à peu près le même principe sans donner ouverture aux mêmes abus. C'était d'imposer très faiblement les bouvillons et taurillons et toutes les bêtes de moins d'un an, qui sont facilement reconnaissables à la denture. Par là, on aurait fourni de précieux élèves à l'agriculture. Le législateur ne l'a pas voulu. Il a taxé les bouvillons et taurillons comme les taureaux.

10. La consommation de Paris excède 6,000 bœufs par semaine, sans compter les autres animaux de la même espèce.

11. Cette évaluation officielle est assurément trop faible par rapport à certaines espèces de moutons, par exemple les moutons de la Flandre ; mais elle est encore trop forte par rapport à d'autres espèces, qui appartiennent au centre et au midi.

12. Ce produit est même tombé à 11,546,639 francs en 1846.

13. Les grandes peaux nous viennent en majeure partie de Rio de la Plata, du Brésil et des États-Unis, c'est-à-dire par mer, et il est à remarquer que c'est le pavillon français qui a effectué la plus grande partie des transports. Sur les grandes, peaux sèches en particulier, sa part a été, en 1845, de 10,597,000 fr. (valeur officielle),

contre 1,254,000 fr. pour le pavillon étranger. Quant aux peaux de mouton, dont l'Angleterre est le principal pays de provenance, la part du pavillon français, sans être aussi forte, a été pourtant supérieure à celle du pavillon étranger.

14.   Elle est tombée à 11,500,000 fr. en 1846.

Charles Coquelin

Analyse du tarif et diminutions praticables

V.

Pendant que nous poursuivons notre travail de révision sur le tarif de la douane française, les événements politiques se déroulent avec une rapidité bien propre à éblouir les imaginations. Partout les nations endormies se réveillent. Les trônes encore debout chancellent sur leurs bases ; de nouvelles constitutions s'élaborent, qui consacrent ou préparent l'affranchissement des peuples ; les limites des états se déplacent ; la guerre éclate entre des royautés longtemps unies. Certes la magie de ces événements est une diversion bien puissante aux sévères études de l'économiste et du financier, mais d'autres considérations doivent y ramener l'attention publique. Si brillantes que soient les destinées qu'on rêve pour la France dans l'avenir, il faut reconnaître que le présent est triste. Le commerce et l'industrie se meurent, les finances publiques s'épuisent, les fortunes privées disparaissent comme des ombres, le travail est suspendu, et par là les sources mêmes de la richesse tarissent. Bientôt, si on n'arrête le cours de cette désorganisation croissante, l'assemblée nationale, troublée dans l'élaboration de sa grande œuvre, va se trouver en présence d'un trésor public à sec, d'une industrie en ruines et d'une population haletante, sans travail et sans pain. Il est temps que l'on s'occupe d'appliquer à ce mal redoutable des remèdes énergiques, et il n'y en a guère de plus efficace, dans l'état présent des choses, qu'une réforme sérieuse de nos tarifs. Pour ranimer l'industrie et le commerce, après le retour de la confiance, qui est le premier besoin, cette réforme est sans contredit une des meilleures mesures à prendre ; pour rétablir nos finances, c'est presque la seule qu'on puisse heureusement tenter. Sans nous arrêter donc à ce que de telles études peuvent avoir de malséant pour certains esprits dans les circonstances actuelles, poursuivons-les résolument. On sera trop heureux bientôt d'y revenir pour réparer les fautes commises.

Déjà, des quatre sections qui composent le tarif de la douane, nous avons analysé la première, relative aux matières animales, en y indiquant de larges et fécondes réformes ; la seconde et la troisième appelleront aujourd'hui notre attention.

DEUXIÈME SECTION. – MATIÈRES VÉGÉTALES.

La deuxième section du tarif, relative aux matières végétales, est beaucoup plus considérable que la première, soit par le nombre des articles qu'elle comprend, soit par l'importance des recettes qu'elle procure au trésor public. Elle se divise en dix chapitres, comme suit 1° farineux alimentaires ; 2° fruits et graines ; 3° denrées coloniales ; 4° sucs végétaux ; 5° espèces médicinales ; 6° bois communs ; 7° bois exotiques ; 8° fruits, tiges et filaments à ouvrer ; 9° teintures et tanins ; 10° produits et déchets divers. Tous les objets compris dans ces dix chapitres ont produit ensemble au trésor, en 1845, une somme de 104,098,448 francs. C'est cette vaste branche de notre système financier qui s'offre maintenant à notre analyse. Toutefois nous en écarterons d'abord le chapitre relatif aux denrées coloniales, dont nous ferons plus tard une section distincte. C'est le plus important de tous quant à la quotité du revenu, car il a produit seul, — en 1845, — 68,737,866 fr., ou près des deux tiers de la recette totale. Il ne nous reste ainsi que neuf chapitres à examiner, et nos calculs ne portent plus que sur une recette de 35,360,582 francs.

Farineux alimentaires. — Le chapitre des farineux alimentaires comprend, dans les tableaux de la douane, vingt-six articles productifs de revenu. Ce sont d'abord les diverses espèces de céréales, froment, épeautre et méteil, seigle, maïs, orge, avoine, sarrasin, articlés qui tous, excepté l'orge, sont au moins doubles, puisqu'on les distingue toujours en grains et en farines. Viennent ensuite le pain et le biscuit de mer, le riz en grains ou en paille, les marrons, châtaignes et leurs farines, les pommes de terre, les légumes secs et leurs farines, les gruaux et fécules, les grains perlés ou mondés, l'alpiste, le millet, les pâtes d'Italie et autres pâtes granulées, le sagou et l'*arrow-root*, la semoule de pâte et de gruau, et enfin le salep.

Tous ces articles, en 1845, ont produit ensemble au trésor 5,201,863 fr. Cependant en 1844 la recette avait été plus que double (10,695,415fr.), et elle s'est élevée de nouveau à 9,889,304 fr, en 1846. C'est qu'il n'y a rien de plus inégal, de plus irrégulier, que l'importation des céréales elle dépend essentiellement de la plus ou moins grande abondance des récoltes, et il faut ajouter que le jeu trompeur de l'échelle mobile ajoute encore à ces irrégularités. Or, les céréales sont l'article capital de cette section. La recette a été, en effet, sur ce seul objet d'environ 10,100,000 fr. en 1844, et de 4,550,116 fr. en 1845. Il n'est pas possible d'asseoir aucun calcul certain sur une telle base de revenu. Sans parler des cas où l'application de la loi des céréales est forcément suspendue, comme elle l'a été récemment en France, les variations sont si grandes d'une année à l'autre, qu'on ne saurait jamais dire approximativement sur quel produit il faut compter. Il est bon de remarquer cependant que la recette de 1845 se rapproche de la moyenne des cinq années antérieures, dont celle de 1844 s'éloigne, au contraire, sensiblement. Considérons-la donc, si l'on veut, comme une recette normale.

Si l'on ajoute à la somme de 4,550,116 francs, obtenue en 1845 sur les céréales, la somme de 503,923 fr. qu'ont produite, dans la même année, les riz en grains, on aura le chiffre de 5,054,039 fr., et, comme la recette totale sur le chapitre des farineux alimentaires n'a été que de 5,201,863, on voit que tous les autres articles n'ont produit ensemble que 147,824 francs. Au point de vue du trésor public, il y aurait donc très peu d'inconvénient à ce que tous ces articles fussent admis en pleine franchise de droits. Y en aurait-il davantage au point de vue de l'agriculture, nous ne disons pas selon notre manière de voir, car, dans notre opinion, toutes ces restrictions nuisent à l'agriculture beaucoup plus qu'elles ne lui profitent, ruais dans la manière de voir même des protectionistes ? Quel ombrage l'agriculture pourrait-elle prendre de l'entrée en franchise des riz en paille, des marrons, châtaignes et leurs farines, des légumes secs et leurs farines, des pommes de terre, des gruaux et fécules, des grains perlés ou mondés, de l'alpiste, du millet, des pâtes d'Italie et autres pâtes granulées, du sagou et arrow-root, de la semoule en pâte ou en gruau et du salep ? Les pommes de terre forment le seul article de quelque importance dans cette série ; mais les pommes de terre sont une marchandise trop encombrante et trop lourde pour que l'importation en soit jamais considérable. Aussi cette importation n'a-t-elle été, en 1845, que d'environ 19,000 quintaux métriques, ce qui équivaut tout au plus, pour l'alimentation, à 9 ou 10,000 hectolitres de blé. N'étant donc pas arrêté en ceci par la considération du revenu public, ni même par la nécessité de ménager la transition d'un régime à l'autre, puisque tous ces articles sont trop peu importants pour exercer une influence sensible sur le marché, nous n'hésitons pas à dire qu'ils devraient être immédiatement déclarés francs de droits.

Quant aux céréales, qui forment le principal objet de ce chapitre, il faudrait d'abord supprimer l'échelle mobile, combinaison décevante dont l'unique effet est de jeter le trouble dans les relations commerciales, et remplacer les droits variables du tarif actuel par un droit fixe et modéré. Rien de plus simple au premier abord et de plus convenable en même temps, quand on veut à toute force mettre un droit sur les grains étrangers, que d'élever ou d'abaisser ce droit selon que les prix s'élèvent ou s'abaissent dans le pays : aussi n'est-il pas étonnant que, dans le principe, tant de gens se soient laissé prendre à la séduisante amorce de l'échelle mobile. Malheureusement cette ingénieuse combinaison manque de base, et, dans la pratique, elle fait constamment défaut. Sans parler de l'incertitude qu'elle jette dans les opérations du commerce, incertitude qui est déjà un très grand mal, elle repose sur des évaluations nécessairement inexactes, puisque ces évaluations n'ont pas d'autre base que des mercuriales toujours arriérées de plusieurs semaines et d'ailleurs très irrégulièrement établies. Tout ce système, si séduisant qu'il ait pu paraître à quelques théoriciens du système protecteur, ne soutient donc pas l'examen quand on en vient à considérer les défaillances de la pratique ; l'expérience l'a définitivement condamné.

Quel sera cependant le chiffre du droit fixe que nous substituerons au droit variable du régime actuel ? Il nous semble qu'on pourrait, quant à présent, s'arrêter au chiffre de 1 fr. 50 c. l'hectolitre pour le froment, et ce serait encore beaucoup, surtout dans les années de disette, c'est-à-dire précisément lorsque l'importation devient considérable. Ce n'est même pas sans un violent scrupule que nous proposons un droit si élevé, et, tout en l'admettant comme mesure provisoire, nous éprouvons le besoin de protester de nouveau hautement contre l'existence future de tout impôt de cette sorte. Frapper d'une taxe la marchandise qui fait la base essentielle de l'alimentation du peuple, c'est déjà chose bien grave ; que sera-ce si l'on considère qu'à la manière dont cet impôt est assis, il n'en rentre qu'une faible portion dans les caisses de l'état ? Pour quelques millions que le public paie sur les grains importés de l'étranger, il en paie quinze ou vingt fois plus sur tous les grains qu'il consomme en raison de la cherté artificielle que l'établissement du droit fait naître à l'intérieur, et ce surcroît d'impôt, ce n'est pas l'état, ce n'est pas même, répétons-le, l'agriculture qui en profite. Ceux qui proposent ou qui soutiennent des mesures de ce genre ne savent guère ce qu'ils font, et c'est la seule considération qui puisse leur servir d'excuse. Autrement, ils auraient un compte trop sévère à rendre à leur pays.

Il va sans dire que, par rapport aux grains d'espèces secondaires, seigles, maïs, sarrasins, etc., le droit s'abaisserait en raison de leur valeur, celui que nous avons fixé pour le froment devant seulement servir de base pour déterminer les autres. Dans le tarif actuel, cette gradation n'est pas bien observée, en ce que les espèces inférieures sont relativement plus imposées que les froments ; aussi l'importation en est-elle beaucoup plus faible et presque insignifiante eu égard à la consommation. C'est une échelle à rectifier. Il faudrait aussi diminuer proportionnellement les droits sur les farines, qu'on a surtaxées sans motif, et dont en conséquence l'importation est presque nulle. En bonne raison, la différence du droit entre les grains et les farines ne devrait pas excéder la différence de la valeur. Au moyen d'une plus juste graduation de tous ces droits, on mettrait un peu plus d'équilibre dans l'importation de ces divers produits, bien que, par la nature des choses, les froments en grains doivent toujours être l'objet du principal commerce.

Reste à voir maintenant quel serait le produit des droits que nous avons admis. L'extrême irrégularité des importations empêche, comme nous le disions tout à l'heure, d'asseoir sur ce point aucun calcul précis, et quoique cette irrégularité doive être, dans une certaine mesure, atténuée par l'établissement des droits fixes, elle sera toujours assez grande. Prenons néanmoins comme point de départ l'importation moyenne des cinq années antérieures à 1845. Elle a été d'environ 1,600,000 hectolitres en toutes sortes de grains. Il n'est pas à présumer qu'elle augmente beaucoup sous le nouveau régime que nous établis sous ; cela dépend essentiellement de l'abondance des récoltes. Arrêtons-nous donc au chiffre de 1,600,000 hectolitres, et, comme il y entre une certaine quantité de grains secondaires, considérons-le comme formant l'équivalent de 1,500,000 hectolitres de froment. A raison de 1 fr. 50 c. l'hectolitre, la recette ne s'élèverait qu'à la somme de 2,250,000 francs. Si nous y ajoutons, pour les riz en grains, à propos desquels nous ne croyons devoir proposer aucun changement quant à présent, une somme de 500,000 fr., chiffre égal à la recette de 1845, nous arriverons à un produit total de 2,750,000 fr. sur l'ensemble du chapitre. La recette rie 1845, un peu inférieure, il est vrai, à la moyenne des cinq années antérieures, ayant été sur ce même chapitre de 5,200,000 francs, il y aurait ici pour le trésor une perte qui s'élèverait au moins à 2,500,000 francs.

Fruits et graines. Le chapitre des fruits et graines comprend d'abord les diverses sortes de fruits de table, parmi lesquelles on remarque, comme étant les plus productifs de revenu, les citrons, oranges et leurs variétés, et les fruits secs ou tapés, puis les graines oléagineuses, c'est-à-dire les graines de ricin, de lin, de sésame et autres, puis encore les fruits à distiller, anis et baies de genièvre, et enfin les graines à ensemencer. Tout cela forme de vingt-quatre à trente articles de recette. Le produit total a été, en 1845, de 4,004,652 francs. Les graines oléagineuses y figurent seules pour la moitié de cette somme ; tous les autres articles réunis produisent le reste.

Il y a peu de changements à faire en ce qui concerne les fruits de table et les autres articles du même ordre. Ce sont des produits essentiellement imposables et pour la plupart exotiques. Seulement on pourrait en écarter quelques-uns qui ne donnent que des recettes insignifiantes, comme les baies de genièvre, ramener les droits sur les autres à un maximum de 20 à 25 pour 100, et affranchir les graines à ensemencer. Ces modifications n'altéreraient pas sensiblement le revenu, ni en plus, ni en moins ; aussi n'en tiendrons-nous pas compte dans nos calculs. Il y a plus à dire sur les graines oléagineuses.

Jusqu'en 1844, la législation avait été, par exception, assez libérale en ce qui concerne ce produit. Pour les graines de lin, le droit n'était que de 1 franc les 100 kilogrammes, lorsqu'elles étaient importées par mer et par navires français, de 1 fr. 50 cent. par navires étrangers et par terre des pays limitrophes, de 2 fr. par terre et d'ailleurs que des pays limitrophes, soit 1 fr. dans les cas les plus favorables, et 2 fr. au maximum. Le prix courant de ces graines étant supposé de 27 fr. les 100 kil. [1], c'était environ 3 et 3/4 pour 100 dans le premier cas, et un peu plus de 7 pour 100 dans le dernier. Pour les graines de sésame, le droit variait de 2 fr. 50 cent. à 3 fr. 50 cent., et comme le prix courant était de 48 fr. les 100 kil., cela revenait à environ 5 1/2 et 7 l/2 p. 100 de la valeur. Cette dernière échelle était également applicable aux graines non dénommées, telles que cameline, chènevis, colza, etc. C'était là, comme on peut le voir, un tarif exceptionnellement modéré, et ce n'est pas tout-à-fait sans raison qu'on l'a considéré comme une sorte d'anomalie dans notre code fiscal.

Voyons pourtant ce que cette anomalie avait produit.

Les importations de graines étrangères s'étaient considérablement accrues sous ce régime, et elles s'accroissaient encore de jour en jour suivant une progression rapide, surtout dans le midi, où la graine de sésame, produit presque nouveau sur nos marchés, était venue depuis quelques années jouer un rôle important. On jugera de la rapidité de ces accroissements par le tableau suivant :

GRAINES OLÉAGINEUSES
IMPORTATIONS (Commerce général)

Années	Import. par la frontière du nord	Import. par la frontière du midi	Importations totales
1835	9,144,900 kil.	1,035,300 kil.	10,180,200 kil.
1836	29,058,800	2,234,600	31,293,400
1837	21,449,700	2,663,200	24,112,900
1838	20,931,200	7,366,200	28,297,400
1839	18,394,300	10,756,600	29,154,900
1840	32,662,300	16,785,900	49,448,200
1841	39,380,800	30,661,600	70,012,200
1842	41,048,100	336,508,000	77,556,600
1843	24,190,200	37,542,200	61,735,400

Ce qui frappe d'abord dans ce tableau, c'est la rapidité et la continuité, de la progression ascendante dans le midi, où, en moins de dix ans, l'importation s'élève de 1 million de kilogr. à plus de 37 millions, sans qu'on remarque dans ce long intervalle de temps aucun pas rétrograde. Pour le nord, la marche des importations est moins régulière, ce qui s'explique sans peine par l'inégalité des récoltes. A la différence de ce qui se passe dans le midi, où on ne cultive pas les graines grasses, les graines étrangères ne sont reçues dans le nord que comme un complément de la production locale, et, selon que cette production est plus ou moins insuffisante, elle provoque une plus ou moins abondante importation.

Maintenant, quelles avaient été les conséquences de ces importations croissantes ? Il en était résulté d'abord un développement remarquable de la fabrication des huiles, tant au nord qu'au midi, dans les rayons de Lille et de Marseille. Cet accroissement de la fabrication des huiles avait naturellement tourné à l'avantage de toutes les industries, et elles sont en grand nombre, qui font usage de ce produit. Entre beaucoup d'autres, la fabrique du savon, pour laquelle l'huile est la matière première par excellence, était dans une situation florissante qui s'améliorait encore de jour en jour. Malgré l'accroissement de la consommation à l'intérieur, elle fournissait un aliment notable à nos exportations ; elle serait allée même beaucoup plus loin, si elle n'avait pas été entravée, dans une certaine mesure, par les droits excessifs établis sur les solides et les potasses [2], et par les prix trop élevés de ces produits.

Si bienfaisante pour la fabrique, cette large importation de graines étrangères avait-elle par hasard nui à notre agriculture ? Elle n'avait pu nuire dans le midi, où la culture des graines grasses a toujours été nulle, ou peu s'en faut. Était-ce peut-être dans le nord ? Pour être convaincu du contraire, il suffit d'avoir parcouru les campagnes dans cette partie de la France. Non-seulement la culture des graines grasses y était florissante, prospère, mais elle s'y étendait encore de jour en jour. C'est que le développement croissant de toutes les industries qui font usage de l'huile ouvrait un débouché chaque jour plus large à ses produits. En admettant que les prix de ses graines fussent un peu réduits par la concurrence étrangère, elle était amplement dédommagée de cette perte apparente par la facilité de ses ventes et l'agrandissement continu du marché.

On s'est lassé de ce régime. On a trouvé probablement que les industries auxquelles les graines oléagineuses servent d'aliment

Charles Coquelin

prospéraient trop, et que cela faisait tache sur le tableau général de la France. Pour mieux dire, les agriculteurs du nord ont cru qu'ils feraient un coup de maître, si, au nom de la loi, ils pouvaient s'emparer seuls de cette immense consommation qui s'était développée sous l'influence des bas prix, et le législateur, toujours prompt à seconder ces calculs égoïstes, s'est prêté à cette nouvelle et insultante violation du droit. En 1844, un projet de loi fut présenté qui doublait les anciens droits ; niais le parti agricole, ce parti qui, sous prétexte de favoriser l'agriculture, travaille depuis trente ans à la ruiner, et avec elle toutes les industries qui en relèvent, le parti agricole, disons-nous, ne se tint pas pour satisfait d'une telle augmentation. Il se remua, il s'agita au sein de la chambre des députés ; il fit retentir bien haut ces mots puissants, ces mots électriques, *agriculture en souffrance, intérêts agricoles compromis, marché national envahi* ; il épuisa tout ce vocabulaire dont il a tant abusé, et, à force d'évoquer aux yeux de la chambre surprise des fantômes menaçants, il l'amena à surenchérir de beaucoup sur la proposition du ministre, en quadruplant les anciens droits. Ces droits furent donc portés, pour les graines de lin, à 4 fr. les 100 kil., et pour les graines de sésame à 10 fr. Ajoutons que les droits différentiels en faveur du pavillon français, qui n'étaient que de 50 cent. dans l'ancienne loi, furent portés à 4 fr. pour le sésame, à 2 et 4 fr. pour les graines de lin. Telle est la loi actuelle, qui, présentée en 1844, n'a été pourtant votée qu'en 1845.

Les funestes effets de cette nouvelle loi n'ont pas tardé à se manifester. Appliquée seulement dans la seconde moitié de l'année 1845, c'est sur l'année 1846 qu'elle a commencé à exercer toute son action. Eh bien ! voici les résultats : de 70 millions de kilogrammes en 1845, l'importation des graines oléagineuses est tout à coup tombée, en 1846, à 36 millions de kilogrammes, c'est-à-dire que, d'une année à l'autre, elle est tombée de moitié. La chute est rude, comme on le voit, et telle qu'elle doit faire craindre la perte assez prochaine de tous les avantages précédemment conquis. Et cependant il s'en faut que l'importation de l'année 1846, quoique supérieure à celle des années 1843 et 1844, soit une importation exceptionnelle, puisqu'elle est inférieure même à celles des années 1841 et 1842. A voir le chiffre de nos exportations, qui a été pour cette année au-dessous de la moyenne quinquennale, on peut juger que l'appel fait aux marchandises étrangères eût été même moins considérable, si la loi rendue au mois de juin n'eût pas été mise en vigueur avant l'expiration de l'exercice. Cette décroissance de moitié en 1846 est donc réellement due à l'application de la nouvelle loi, et c'est un fait grave et menaçant. Rien ne prouve, il est vrai, que l'importation ne se relèvera pas jusqu'à un certain point dans les années suivantes. La fabrique a ses besoins, qu'elle doit satisfaire à tout prix, sous peine de suspendre ses travaux ; mais il n'en est pas moins vrai que le déclin de l'industrie a commencé.

Sans pousser plus loin ces considérations, nous dirons maintenant que la raison demande, que l'intérêt pressant de l'industrie exige que l'on revienne promptement au tarif de 1844. C'est celui que nous proposerions de rétablir sans aucun autre changement. Par ce qu'on a vu précédemment de la marche ascendante de nos importations, on peut juger que, si le tarif de 1845 n'était pas intervenu pour en arrêter l'essor, elles s'élèveraient dès à présent à un chiffre fort supérieur à celui des années antérieures, et qu'en conséquence la recette se serait accrue dans la même proportion, d'autant mieux que le sésame, la plus fortement imposée des deux graines, était celle dont l'importation s'accroissait avec le plus de régularité. Toutefois, pour faire la part des éventualités, nous nous arrêterons au chiffre de 1845, qui était, comme on l'a vu, de 2,017,164 francs. Le chapitre des fruits et graines demeure ainsi tel qu'il était, sans augmentation ni diminution dans les recettes.

Sucs végétaux. — Comme nous écartons ici le chapitre des denrées coloniales, pour en faire plus tard une section distincte, le chapitre que nous rencontrons maintenant est celui des sucs végétaux. Il se compose de trente et quelques articles de recette, compris sous les dénominations suivantes : gommes pures, baumes, résines indigènes, résineux exotiques, sucs d'espèces particulières, comme le caoutchouc, l'aloès, l'opium, le camphre, la manne, le jus de réglisse et la glu, puis les huiles fixes, d'olive, de palme, de graines grasses, etc., et enfin les huiles volatiles ou essences. Tous ces articles réunis ont produit au trésor 9,186,926 fr., en 1845, et une somme à peu près égale en 1844.

Ce chapitre des sucs végétaux réclame d'assez grandes réformes, réformes qui, cette fois, augmenteraient le revenu, bien loin de l'affaiblir.

Charles Coquelin

On remarquera d'abord que, parmi les articles qui le composent, il n'y a guère que les huiles fixes qui aient actuellement une importance réelle, au moins quant aux recettes. Sur environ 9,200,000 fr. que la douane a perçus, elles en ont procuré au-delà de 8,300,000. Encore ce produit est-il dû presque en totalité à l'importation des huiles d'olive, qui n'ont pas donné moins de 8,146,000 fr. Tous les autres articles qui composent ce chapitre, articles si importants à d'autres égards, n'ont donc contribué ensemble que pour 1 million, en comptant même la recette obtenue sur les huiles de graines grasses et de palme. Si un tel résultat était dû à la modicité des droits, on pourrait s'en applaudir ; mais quand on considère qu'il est dû, au contraire, à l'exagération des droits, qui a empêché le pays d'importer ces marchandises en quantité suffisante pour son usage, on ne peut que le déplorer amèrement.

Même pour les huiles d'olive, le droit actuel est trop fort. Il est de 25 francs les 100 kilogrammes par navires français, et de 30 francs par navires étrangers et par terre ; ce n'est pas moins de 22 à 28 pour 100 de la valeur [3]. Aussi voyons-nous que, depuis douze à quinze ans, l'importation de ces huiles a plutôt diminué qu'augmenté. Elle avait été en 1833, par exemple, d'un peu plus de 45,000,000 de kilogrammes, tandis qu'elle n'est plus, en 1845, que de 30,000,000 de kilogrammes. Si l'on considère, d'une part, les emplois si étendus et si variés de l'huile d'olive, de l'autre, l'extrême abondance de la production sur tout le littoral de la Méditerranée, on trouvera que l'importation même de 1833 était bien médiocre ; celle de 1845 est donc véritablement chétive. Quoique l'arrivage plus abondant des graines grasses sur nos marchés ait pu contribuer à l'amoindrir, en satisfaisant par d'autres moyens une partie des besoins, il est incontestable pourtant qu'elle deviendrait plus forte avec un droit plus modéré. Cette modération du droit sur les huiles étrangères ne causerait, du reste, aucun dommage à la culture de l'olivier dans le midi, puisque la Provence ne produit guère que des huiles comestibles d'une qualité supérieure, tandis que celles que nous tirons du dehors sont généralement destinées à la fabrique. Le véritable ennemi de cette culture, c'est la maladie qui trop souvent attaque les arbres ; ce n'est pas l'importation étrangère, dont les cultivateurs n'ont jamais eu grand souci. Nous proposons donc de réduire le droit sur les huiles d'olive de 25 francs les 100 kilogrammes à 15 fr. Ce serait encore environ 13 pour 100 de la valeur, et, pour un produit si utile, c'est beaucoup. A ce taux, le droit produirait à peu près la même somme qu'aujourd'hui, car il n'est pas douteux que l'importation augmenterait dans une très forte proportion.

Si le droit de 25 francs les 100 kilogrammes est trop élevé pour les huiles d'olive, il est surtout excessif par rapport aux huiles de graines grasses, dont la valeur est moindre. Dans ce cas, il devient même prohibitif. Aussi l'importation de ces huiles n'a-t-elle été que de 8,000 kilogrammes en 1845, et de 1,000 seulement en 1844, chiffres tout-à-fait insignifiants eu égard à l'étendue des besoins. On peut dire, il est vrai, que, le droit sur les graines grasses ayant été jusqu'en 1845 assez faible, on trouvait plus d'avantage à importer les graines que les huiles qui en proviennent. Il n'en est pas moins certain que, si le droit avait été plus modéré, les huiles seraient entrées concurremment avec les graines, au grand avantage de l'industrie en général. Cela n'eût-il produit d'autre effet que de modérer ces extrêmes variations auxquelles les cours des huiles sont si sujets en France, et qui viennent en grande partie des intermittences forcées de la fabrication [4], on aurait encore rendu un grand service, non-seulement aux diverses industries qui emploient les huiles, mais encore à celles qui les fabriquent. Le droit sur les huiles de graines grasses devrait donc être réduit tout au moins à 10 francs les 100 kilogrammes. Peut-être même cette réduction serait-elle encore insuffisante pour provoquer une importation notable, et alors il conviendrait d'en opérer une plus forte, jusqu'à ce que les huiles étrangères vinssent jouer un rôle nécessaire sur nos marchés. Dire que cette importation se ferait au détriment de nos producteurs, c'est manquer du vrai sens industriel. Loin de là, elle ne ferait que développer, étendre en France les nombreuses industries auxquelles l'huile sert d'aliment, et par là elle ouvrirait aux produits de notre agriculture un débouché plus étendu, plus régulier et plus certain. C'est alors aussi que les huiles de graines grasses, au lieu de présenter au trésor ces recettes ridicules, qui vont de 800 à 6,000 francs par an, lui procureraient un revenu respectable, que nous évaluerons seulement, pour ne rien exagérer, à 1 million.

Le droit sur les huiles de palme et de coco, plus modéré que les précédents (4, 12 et 14 francs les 100 kilogrammes), a produit aussi davantage (162,427 francs en 1845), quoique ces huiles soient comparativement d'un médiocre usage en France. Nous réduirions toutefois ce droit à 8 francs au maximum, avec la certitude d'en augmenter encore le produit.

Sans entrer dans le détail des autres articles, qui sont presque tous trop fortement imposés, et qui rapportent en conséquence fort peu, nous dirons qu'il faudrait surtout opérer de très larges réductions 1° sur les résines, particulièrement sur le brai gras et le goudron, aussi bien que sur la poix ou galipot, matières si nécessaires à la marine, et qui ne sont pas imposées actuellement à moins de 40 et 50 pour 100 de la valeur ; 2° sur les gommes pures, particulièrement les gommes exotiques et plusieurs autres. Au moyen de toutes ces réductions convenablement faites, on augmenterait sans aucun doute le résultat fiscal au point d'élever le produit, sur l'ensemble du chapitre, de 9 millions, chiffre actuel, à 11 ou 12 millions. Nous ne compterons toutefois, pour éviter toutes chances d'erreur, que sur un revenu moyen de 10,500,000 francs.

Espèces médicinales. — Pour les espèces médicinales qui, sous les dénominations générales de racines, écorces, herbes, feuilles, fleurs, fruits et lichens médicaux [5], présentent de vingt-sept à trente articles de recette, nous voudrions les voir disparaître entièrement du tarif. Les raisons de cette réforme se présentent d'elles-mêmes. Le sacrifice pour le trésor ne serait que d'environ 260,000 francs par an.

Bois communs. — Nous demanderions aussi la suppression totale du chapitre relatif aux bois communs. Ce chapitre, qui présente environ quarante articles, sous les noms de bois à brûler, charbon de bois ou de chenevottes, bois à construire, mâts, mâtereaux, espars, perches, échalas, bois en éclisses, osier en bottes, bois feuillard, merrains de chêne et autres, racines à vergettes, bruyères à vergettes, tiges de millet, liège, etc. ; tout ce chapitre, disons-nous, qui comprend des objets si intéressants pour l'industrie, si utiles pour la marine marchande, soit comme matières premières, soit comme articles de fret, n'a produit au trésor, en 1845, que 620,067 francs, et 607,493 en 1844. Il est vrai que les droits sont en général très modérés ; mais sur des produits de ce genre, si faibles qu'ils soient, ils sont toujours trop forts. Il importe d'ailleurs de simplifier, d'épargner au commerce les complications et les embarras que la perception entraîne, complications et embarras qui, dans le cas actuel, sont même plus graves que dans beaucoup d'autres, en ce que sur le bois à construire le droit varie selon les dimensions des pièces, que sur les merrains, perches, échalas, éclisses, il est établi d'après le nombre, et que par conséquent, dans l'un et l'autre cas, la perception nécessite des opérations ou des calculs très assujettissants pour les importateurs. Nous n'apercevons d'ailleurs aucune objection sérieuse contre l'affranchissement absolu de ces articles, si ce n'est de la part du trésor, qui n'y perdrait qu'un revenu annuel d'environ 262,000 francs, bien facile à compenser.

Bois exotiques. — Les bois exotiques sont un produit plus imposable que les bois communs ; aussi ne serait-il pas mal qu'ils fussent sujets à des droits d'importation, et qu'on en fît même une source assez abondante de revenu. Il ne faudrait pourtant pas en abuser, car, après tout, ce sont là des matières dont l'industrie française tire un très bon parti, et dont il lui serait facile de faire un emploi bien plus considérable.

Ce chapitre comprend de dix-sept à vingt articles, divisés en trois classes, bois d'ébénisterie, bois de teinture et bois odorants. Il a produit 1,004,890 francs en 1845. Rien de plus facile que de doubler ce produit tout en soulageant les consommateurs. Ce n'est pas que le droit principal établi sur la plupart de ces articles soit élevé ; mais l'assiette en est très irrégulière, très inégale, et surtout les droits différentiels établis en faveur de notre marine marchande sont excessifs. On a voulu multiplier pour notre marine les longs voyages, et Dieu sait comme on a réussi. Dans cette intention, on a grevé d'abord outre mesure les marchandises apportées par ces mêmes navires des pays moins éloignés, et surtout on a frappé avec un redoublement d'ardeur sur le pavillon étranger. La marine française a-t-elle profité de ces faveurs ? Les voyages de long cours se sont-ils multipliés pour elle ? Ce n'est pas ici le lieu de l'examiner. Ce qui est certain, c'est qu'il est résulté de ces mesures un immense dommage et pour le commerce et pour le fisc. Rendons cette vérité sensible par un exemple.

Le droit sur l'acajou apporté de l'Inde par navires français n'est que de 5 francs les 100 kilogrammes : c'est à peu près 14 pour 100 de la valeur officielle, droit modéré et pourtant suffisant ; mais lorsque ce bois est apporté d'autres pays hors d'Europe, toujours par navires français, il paie 7 fr. 50 cent. les 100 kilogrammes ; s'il est apporté des entrepôts, 18 fr. 50 cent. ; enfin, s'il nous arrive par navires étrangers, le droit s'élève à 21 fr. 50 cent., ou plus de quatre fois le droit primitif.

Encore ne s'agit-il là que des billes d'acajou qui ont plus de 3 décimètres d'épaisseur : c'est bien pis pour celles d'une dimension moindre. Quand elles sont importées de l'Inde par navires français, le droit n'est toujours que de 5 fr. les 100 kilogrammes ; seulement il faut qu'elles viennent des lieux mêmes de production, sinon le droit s'élève à 15 fr. Que ces mêmes navires les apportent d'autres pays hors d'Europe, elles paieront, venant des lieux de production, 7 fr. 50 cent., et d'autres lieux, 22 fr. 50 cent. ; si elles sont importées des entrepôts, toujours par navires français, le droit sera de 55 fr. 50 cent., ou plus de onze fois le droit primitif. Que si, par malheur, elles ont été transportées par navires étrangers, elles paieront, selon les lieux d'où elles viennent, 21 fr. 50 cent., ou 64 fr. 50 cent. les 100 kilogrammes, ce qui fait, dans ce dernier cas, treize fois le droit primitif et environ 185 pour 100 de la valeur.

Cette monstrueuse inégalité dans l'assiette du droit se fait, du reste, sentir dans la perception. Ainsi, en 1845, les billes d'acajou de plus de 3 mètres d'épaisseur ont été importées sans exception par navires français, non pas, il est vrai, de l'Inde, ce qui aurait donné lieu à l'application du moindre droit, mais, pour la plus grande partie, d'autres pays hors d'Europe, notamment d'Haïti, et voici en conséquence ce qui est ressorti de l'application du tarif. Sur une quantité de 4,359,865 kilogrammes mise en consommation, et dont la valeur officielle est de 1,525,953 fr., la totalité du droit perçu a été de 362,231 fr., soit environ 23 pour 100 de la valeur. Au contraire, les billes de moindre dimension, malgré l'exagération des droits différentiels, ont été importées, non pas en totalité, mais en partie, par des navires étrangers, et aussi, il faut bien le dire, près de la moitié nous est venue des entrepôts des Pays-Bas. En conséquence, sur une quantité de 2,197 kilogrammes, évaluée à 769 fr., le montant des droits perçus n'a pas été de moins de 979 francs, ou 127 pour 100 de la valeur. Était-ce l'intention da législateur que les billes d'acajou de moins de 3 décimètres d'épaisseur payassent 127 pour 100 de droits, tandis que les autres ne paieraient que 23 pour 100 ? Cela n'est pas probable. Tel est pourtant le résultat clair et net de l'application de la loi.

C'est dans l'intérêt de la marine marchande, dit-on, qu'on a établi d'aussi choquantes inégalités ; soit : a-t-on du moins réussi dans cet objet ? Hélas ! il suffit de jeter les yeux sur cette pauvre marine pour se convaincre du contraire. De jour en jour, elle décline sans que les prétendues faveurs dont elle jouit puissent rien pour prévenir ou arrêter sa décadence, et ce qu'il y a de plus remarquable, c'est que les longs voyages, dont on a voulu à tout prix lui réserver le privilège, et qu'on semble même créer quelquefois pour elle tout exprès, sont précisément ceux dont le nombre diminue avec la plus effrayante rapidité. Tout cela s'explique. On veut que notre marine fasse la grande navigation, on veut qu'elle entreprenne les longs voyages et particulièrement les voyages des Indes : rien de mieux ; mais en même temps on lui ôte, sans y prendre garde, tous les moyens de réaliser ces voyages avec profit. On croit tout faire en lui réservant sur quelques marchandises secondaires des privilèges fantastiques, tandis qu'on la prive en réalité de tous les meilleurs éléments de fret. Peu ou point de chargements d'aller ; nulle latitude pour rapporter au retour les marchandises qui seules abondent dans ces pays. Voici donc ce qui arrive. Nos bâtiments partent le plus souvent pour ces contrées lointaines sur lest, pour en revenir avec des chargements incomplets. S'ils emportent quelque chose au départ, ce sont trop souvent des marchandises de peu de valeur, dont il arrive même que le débarquement leur est refusé, et qu'ils se voient réduits quelquefois à jeter à la mer. Ceci n'est point une hypothèse ; nous en connaissons des exemples tout récents. Au retour, ils n'ont à choisir qu'entre un petit nombre d'articles, les autres étant exclus de leur pays ou par des prohibitions formelles ou par de violentes surtaxes. Se rejetant donc, faute de mieux, sur le peu de marchandises qu'on leur laisse, et usant de la faveur exagérée que la loi leur attribue, ils en exigent des frets exorbitants, non peut-être pour augmenter leurs bénéfices, car les bénéfices sont rares sur un pareil terrain, mais pour atténuer leurs pertes. C'est ainsi que le commerce est écrasé et que la marine périt. Laissez là toutes ces faveurs trompeuses, et, prenant une autre route, faites en sorte que nos navires trouvent des chargements abondants tant à l'aller qu'au retour. C'est alors que la marine grandira, sans peser sur le commerce de tout le poids des privilèges

Charles Coquelin

abusifs qu'on lui accorde.

Quoi qu'il en soit, il est évident que ces privilèges, si onéreux pour l'industrie et le commerce, contribuent d'autre part à appauvrir le fisc. Si le droit sur les acajous, que nous avons pris pour exemple, n'était en réalité, et dans tous les cas, que de 14 pour 100 ; si nulle autre charge ne venait peser sur ce produit, la consommation en serait peut-être bientôt quadruplée, et ce n'est pas trop dire. Actuellement, ce bois n'est guère employé en France que pour les ouvrages d'ébénisterie et pour quelques usages tout-à-fait spéciaux et très limités de l'industrie manufacturière ; mais de combien d'autres emplois ne serait-il pas susceptible ! Il suffit de voir tout ce qu'on en fait en Angleterre depuis qu'il y est importé franc de droits [6].

Si l'on applique aux autres bois exotiques [7] les observations que nous venons de faire par rapport aux acajous, ou trouvera que le produit, sur ce chapitre, pourrait être sans peine élevé de un million à deux ou trois. Il suffirait, pour cela, de modérer les surtaxes en maintenant, quant à présent, le droit principal de 14 pour 100. Dans ce cas, la recette s'élèverait donc tout au moins à 2 millions.

Fruits, tiges et filaments à ouvrer. — Quoique le chapitre des fruits, tiges et Martiens à ouvrer comprenne de vingt-deux à vingt-cinq articles, il n'y a que trois de ces articles qui aient une importance réelle pour le trésor public, le coton en laine, le chanvre et le lin. En effet, sur un produit total de 14,283,033 francs en 1845, le coton en laine figure seul pour 13,097,181 francs, le chanvre pour 593,087 francs, et le lin pour 466,753 francs, sommes qui, réunies, forment un total de 14,157,021 francs, ne laissant ainsi qu'un produit insignifiant d'un peu plus de 100,000 francs pour tous les autres articles. On pourrait donc, sans grande perte pour le trésor, rayer du tarif tous ces articles, savoir : les coques de cocos, les grains durs à tailler, les joncs et roseaux de diverses espèces, tant exotiques qu'européennes, et les végétaux filamenteux non dénommés. La libre importation de ces produits ne ferait d'ailleurs ombrage à aucun intérêt français ; celle des joncs et roseaux exotiques, particulièrement des bambous, tendrait à favoriser nos relations avec les Indes orientales et avec la Chine. On affranchirait pareillement de tout droit l'importation des tiges brutes de lin ou de chanvre, qui seront toujours assez grevées par les seuls frais de transport.

En ce qui concerne les trois articles maintenus au tarif, nous avons déjà dit à peu près dans quelle mesure les droits pourraient être actuellement réduits. Pour le lin et le chanvre, ce serait 2 fr. 50 cent. les 100 kilog. au lieu de 5 fr. pour l'un et de 8 fr. pour l'autre. La réduction proposée est relativement plus forte pour le chanvre, mais c'est contre toute raison que ce filament, dont la valeur est moindre que celle du lin, avait été jusqu'ici plus fortement imposé, et peut-être même conviendrait-il de le dégrever encore davantage, d'autant mieux qu'il est d'un immense emploi pour la marine. Pour le coton, le droit, qui varie maintenant de 5 à 35 francs les 100 kilog., mais qui est, pour les neuf dixièmes des quantités importées, de 20 francs plus le décime, on pourrait le fixer à 5 francs, sans admettre désormais aucune distinction de provenance. Il est parfaitement inutile, en effet, d'accorder en cela à nos colonies une faveur onéreuse, dont elles ne sont même pas en état de profiter.

Aucune objection ne s'élèverait sans doute quant à la réduction applicable au coton en laine, si ce n'est dans l'intérêt du fisc, qui y perdrait certainement quelque chose, mais auquel nous offrirons bientôt d'amples compensations. Il n'en serait pas de même relativement au lin et au chanvre, à propos desquels on invoquerait probablement l'intérêt de l'agriculture. Pour nous, loin d'admettre que la réduction des droits sur ces produits dût nuire à l'agriculture, nous affirmons, au contraire, qu'elle la servirait beaucoup. Nous ne pourrions, au reste, que répéter en cette occasion ce que nous avons dit à propos des graines grasses.

Quelles seraient maintenant les conséquences de ces réductions pour le trésor public ? En ce qui concerne le lin et le chanvre, il ne nous paraît pas douteux que l'accroissement de la consommation compenserait assez promptement l'abaissement du droit, car les emplois de ces produits sont tellement nombreux et si variés que des quantités doubles des quantités actuelles se placeraient sur nos marchés sans y causer le moindre encombrement. De ce côté donc, nulle diminution à subir sur le produit. Il n'en serait pas de même pour le coton en laine. Quoique l'emploi en soit très étendu, il est beaucoup moins varié et moins susceptible aussi d'un accroissement immédiat. Il ne faudrait pas croire pourtant que la perte serait égale à l'abaissement du droit [8]. Ce que nous pouvons admettre, c'est donc que la recette sur cet article tomberait des deux tiers, et c'est beaucoup. Elle se réduirait ainsi de 13 millions, chiffre actuel, à 4,300,000 francs. Ajoutant à cette somme celle d'un million, que nous avons trouvée pour les lins et les chanvres, nous aurions, pour l'ensemble du chapitre, au lieu de 14,283,000 fr., une recette totale de 5,300,000 fr. La perte serait donc de 8,983,000 fr. C'est la plus forte que nous ayons eu à signaler jusqu'à présent.

Teintures et tanins. — Encore un chapitre à supprimer entièrement. Il se compose de vingt et un articles, compris sous les dénominations suivantes : garance, orcanète, quercitron, curcuma, écorces à pin, à tan et de grenade, pastel, lichens tinctoriaux, safran, carthame, nerprun, noix de galle, avelanèdes, gousses tinctoriales, sumac et fusten, et libidibi. Le produit total n'a été, en 1845, que de 192,314 fr. Inutile de faire ressortir tout ce qu'aurait d'avantageux pour l'industrie l'affranchissement complet des matières tinctoriales, pour un pays surtout qui excelle dans l'impression des étoffes et la teinture. Par la médiocrité de la recette, on voit, en outre, que le trésor n'est pas fort intéressé au maintien des droits. Que si l'on craignait la concurrence que ces produits pourraient faire aux nôtres, nous dirons qu'il en est plusieurs dont nous n'avons pas même les similaires, et que, pour les autres, comme la garance, nous n'avons pas de rivalité sérieuse à craindre, puisque nous sommes nous-mêmes les principaux exportateurs de ces produits. En effet, l'importation de la garance, tant en racines que moulue ou en paille, n'a été, en 1845, que de 142,000 kilog., tandis que l'exportation s'en est élevée à plus de 13 millions. Il en est de même, quoique dans une moindre mesure, pour le pastel. Nous ne croyons pas d'ailleurs qu'il y ait aucune raison pour maintenir des droits sur un seul de ces produits.

On rencontre, dans le tarif actuel, à propos de ce chapitre, deux prohibitions absolues : l'une regarde l'importation du curcuma en poudre, l'autre, l'exportation des écorces à tan. On ne peut se les expliquer l'une et l'autre qu'en se souvenant de cette intempérance protectioniste dont, à une certaine époque, notre législature a été possédée. Nous les remplacerions, comme tout le reste, par un affranchissement complet.

Produits et déchets divers. — Rien de plus varié que la nature et le genre des objets qui, au nombre de vingt-quatre à trente, sont compris sous la dénomination générale de *produits et déchets divers*. En voici l'énumération : légumes verts, salés ou confits, fourrages de diverses sortes, houblon, plants d'arbres, agaric de diverses sortes, bulbes ou oignons, tourteaux de graines oléagineuses, champignons, morilles et mousserons, lycopode, truffes fraîches ou marinées, chardons cardières, racines de chicorée, plantes alcalines, drilles et chiffons, marc de raisins et marc de roses, amurca ou marc d'olives, tourbe crue, mottes à brûler, levure de bière. Tous ces articles réunis ont produit au trésor, en 1845, 602,796 francs, chiffre supérieur d'environ 120,000 à celui de 1844, mais inférieur à celui de 1846.

Le seul article de quelque importance dans cette série, au moins par rapport au revenu, c'est le houblon, qui a produit seul, en 1845, une somme de 478,463 francs. Viennent ensuite les racines de chicorée, tant vertes que sèches, qui ont produit 45,173 francs. C'est, pour les deux articles réunis, une somme de 523,636 francs, ou beaucoup plus que les cinq sixièmes de la recette totale.

Nous retrancherions donc de ce chapitre, en les affranchissant de tous droits : d'abord les légumes, qu'il est désirable de voir mettre à la portée de tout le monde, et sans excepter même de cette mesure les légumes salés ou confits ; puis les fourrages, tels que foin, paille, herbe, graines de vesce, son, etc., produits d'encombrement, d'ailleurs si utiles, et dont l'importation ne sera toujours que trop entravée par la difficulté des transports ; puis les plants d'arbres, qui peuvent rendre de si grands services à l'agriculture ; puis encore l'agaric, tant à l'état brut qu'à l'état d'amadou ; les bulbes ou oignons ; les tourteaux de graines oléagineuses, qui servent à l'engrais des bestiaux aussi bien qu'à l'amendement des terres, et qu'il est parfaitement inconséquent de grever de droits quelconques à l'importation, alors qu'on s'efforce d'en arrêter l'exportation ; les champignons, morilles et mousserons, qui ne feront jamais une concurrence bien dangereuse aux nôtres ; le lycopode ou soufre végétal ; les truffes, à quelque état qu'elles se trouvent, qui ne donneront jamais qu'un produit insignifiant, et dont nous exportons beaucoup plus que nous n'importons ; les chardons cardières, si utiles pour la draperie ; les plantes alcalines, dont les unes servent comme engrais, dont les autres sont utilement employées pour la fabrication de la soude ; les drilles et les chiffons, nécessaires à nos fabriques de papier, et qu'il est absurde de frapper d'un droit quelconque à l'importation, alors qu'on en prohibe l'exportation ; les marcs de raisins ou de roses, dont l'importation a été nulle en 1845 ; l'amurca et le grignon, deux sortes de résidus d'olives ; enfin les mottes à brûler et la tourbe, si utilement employées et si nécessaires pour le chauffage du pauvre.

De cette longue série d'articles, il n'en resterait ainsi que deux, le houblon et les racines de chicorée. Si les droits actuels étaient maintenus sur ces deux produits, les recettes qu'ils ont données demeurant à peu près à leur niveau actuel, la perte éprouvée par le trésor sur l'ensemble du chapitre serait très peu considérable ; mais il faudrait ici même de notables réductions. Sur le houblon en particulier, le droit actuel, établi en 1826, époque d'effervescence protectioniste, est fort exagéré. Il ne va pas à moins de 60 et 68 francs les 100 kil. pour un produit dont la valeur officielle est portée à 125 francs en entrepôt ; c'est à peu près 50 pour 100. Sensible aux plaintes qui s'étaient élevées à ce sujet, le ministre du commerce, dans un projet de loi présenté aux chambres pendant la session de 1846-47, avait proposé de réduire le droit à 45 francs : nous demanderons qu'on le réduise immédiatement à 25 francs, et ce sera encore beaucoup. A ces conditions, il nous paraît hors de doute que l'importation du houblon augmenterait, non pas, comme on pourrait le croire, parce que le produit étranger se substituerait au produit indigène, mais parce que la consommation s'en étendrait. Les bières françaises sont généralement trop peu saturées de houblon et se conservent mal : de plus grandes facilités pour les importations en augmenteraient sans aucun doute l'emploi. Comme nous ne croyons pas pourtant que cet accroissement serait assez rapide pour compenser tout d'abord l'abaissement du droit, nous réduirons de 478,463 francs à 300,000 la recette présumée sur cet article.

En ce qui concerne les racines de chicorée, les droits actuels, qui sont de 50 c. les 100 kil. sur les racines vertes, et de 2 fr. 50 c. sur les racines sèches, ne nous paraissent pas trop forts, eu égard à ceux qui frappent les autres produits du sol. Il n'y a donc à cet égard aucun changement à proposer quant à présent ; mais il existe sur la chicorée moulue une prohibition absolue qui ne s'explique pas. Dans le projet de loi que nous venons de mentionner, on proposait de lever cette prohibition, mais en la remplaçant par le droit actuellement applicable aux cafés importés des entrepôts d'Europe, c'est-à-dire par un droit de 100 fr. les 100 kilogrammes, droit que l'on regardait comme élevé, et que nous regarderions, nous, comme dérisoire. Ce serait, en effet, remplacer une prohibition ouverte par une prohibition déguisée, et ce n'est vraiment pas la peine de remanier un tarif pour si peu. « Il s'agit, disait l'exposé des motifs, d'empêcher que du café en poudre ne soit introduit sous la dénomination de chicorée moulue. » A la bonne heure ; mais, comme nous proposerons, dans la dernière partie de cette étude, une très large réduction sur les cafés, et comme avec des droits plus modérés la contrebande sera moins surexcitée, cette crainte nous touche peu. De 100 francs, nous réduirions donc le droit sur la chicorée moulue à 10 francs les 100 kil., ce qui rétablirait à peu près les proportions et porterait la recette sur cet article de 45,173 francs à environ 60,000. Ajoutant à cette somme celle de 300,000 francs prélevée sur le houblon, nous aurions pour l'ensemble du chapitre une recette totale de 360,000 francs.

Ici se termine la revue de cette longue et importante section des matières végétales. Que de choses nous aurions encore à dire sur cet intéressant sujet, si nous n'avions à cœur d'abréger ! Il y a de prétendus grands esprits qui n'abaisseront sans doute leurs yeux qu'avec dédain sur les détails infimes dans lesquels nous venons d'entrer : il s'agit pourtant, dans tout cela, de l'existence du pauvre, du pain qui le nourrit, du bois dont il se chauffe, du vêtement qui le couvre, des matières premières qui fournissent un aliment à son travail ; mais qu'importent ces objets à ceux qui n'ont que la main à ouvrir pour faire couler sur la terre des ruisseaux de miel ?

Les résultats financiers des mesures que nous proposons paraissent au premier abord moins satisfaisants que les résultats économiques ; niais ils ne doivent pas nous effrayer, car nous aurons plus tard à offrir à l'état d'assez belles compensations, d'autant mieux que de plus grandes facilités accordées au peuple par rapport aux denrées alimentaires tendent à développer d'autres consommations plus véritablement productives pour le trésor public.

Voici le tableau comparatif des recettes pour les neuf chapitres maintenus dans le tarif :

Charles Coquelin

Farineux alimentaires	5,201,863 fr.	2,750,000 fr.
Fruits et graines	4,004,652	4,004,652
Sucs végétaux	9,186,926	10,500,000
Espèces médicinales	264,041	»
Bois communs	620,067	»
Bois exotiques	1,004,890	2,004,890
Fruits, tiges et filaments à ouvrer	14,283,033	5,300,000
Teintures et tanins	192,314	»
Produits et déchets divers	602,796	360,000
TOTAUX	35,360,582 fr	24,919,542 fr.

La perte à subir pour le trésor, sur l'ensemble de cette section, serait donc de 10,441,240 fr. Si nous y ajoutons celle de 4,200,000 fr. que nous a présentée la section des matières animales, nous nous trouverons dès à présent en face d'un déficit total de 14,641,240 francs. C'est beaucoup en apparence, et cependant c'est peu si l'on considère l'importance des résultats obtenus. Moyennant ce sacrifice, de larges réductions ont été faites sur tous les principaux articles de consommation ; un plus grand nombre d'autres articles ont été entièrement rayés du tarif ; d'immenses facilités sont acquises à l'industrie et au commerce, dégagés par là de leurs vieilles entraves et débarrassés du poids des taxes fort onéreuses qu'ils subissent ; enfin, et ce n'est pas le moindre avantage de ces mesures, le service de la douane est admirablement simplifié. Il faudrait d'ailleurs avoir bien peu étudié les vices de notre système fiscal, et les ressources qu'il offre à l'homme habile dont la main saura le féconder, pour douter un seul instant de la possibilité de combler un tel déficit. Dès à présent, nous pourrions en réduire sensiblement le chiffre, en tenant compte des économies que l'état aurait à faire, tant sur le service de la douane, que sur les primes payées à l'exportation à titre de restitutions de droits, puisqu'il serait naturel et nécessaire que ces primes fussent réduites dans la même proportion que les droits perçus sur les matières premières ; mais cette précaution même nous est inutile, et nous n'aurons pas de peine à faire voir que, nonobstant tous ces dégrèvements, il est facile d'élever le revenu de la douane fort au-dessus de son niveau présent.

VI
TROISIÈME SECTION. – MATIÈRES MINÉRALES

Nous aurons à nous arrêter moins longtemps sur la section des matières minérales que sur celle des matières végétales, d'abord parce qu'elle est beaucoup moins compliquée et plus courte, ensuite parce que, les principes étant déjà nettement posés quant aux plus importantes de ces matières, nous n'aurons plus guère qu'à tirer les conséquences. Cette section ne se compose, en effet, que de deux chapitres dont l'un comprend les pierres, terres et combustibles minéraux, et l'autre les métaux. Dans le premier, le produit le plus important que l'on rencontre, c'est la houille ; dans le second, c'est la fonte et le fer, et quoiqu'on y compte en outre un assez grand nombre d'articles de recette, ces deux produits y forment la base essentielle du revenu.

Pierres, terres et combustibles minéraux. — Ce chapitre comprend de quatre-vingts à quatre-vingt cinq articles distincts, dont les principaux sont, après la houille, les diverses sortes de marbres, les agates, l'albâtre, les pierres ouvrées, les meules à moudre, les meules à aiguiser, divisées en plusieurs catégories selon les dimensions ; les matériaux de construction, formant seuls vingt-deux à vingt-cinq articles de recette pour la plupart insignifiants ; les pierres et terres servant aux arts et métiers, qui forment dix-huit à vingt articles ; la marne, le soufre, le graphite ou plombagine, le jais, le succin et les bitumes. Tous ensemble, ces articles ont produit 4,977,574 fr. en 1844, 6,031,836 fr. en 1845, et un chiffre à peu près égal, 6,088,723 fr., en 1846. Dans la première de ces trois années, les houilles seules figurent à la recette pour une somme de 3,884,965 fr., dans la seconde, pour 5,092,477 fr., et dans la troisième, pour 5,185,219 fr., ne laissant ainsi, chaque fois, qu'un produit d'environ 1 million pour tous les autres articles réunis. Comme nous avons déjà établi, par des raisons qui nous paraissent décisives, que les droits devraient être entièrement et immédiatement supprimés sur les houilles, il restera peu de difficultés pour tout le reste, au moins en ce qui touche aux intérêts du trésor public.

Charles Coquelin

Comme mesures fiscales, les droits établis sur ces matières sont au nombre de ceux qu'on peut considérer comme les plus vexatoires et les plus abusifs. Ils rapportent d'abord fort peu, on vient de le voir, et c'est à peine si, dans certains cas, les recettes couvrent les frais de perception. Elles y seraient même fort inférieures, si, aux frais que supporte l'état, on ajoutait ceux bien plus considérables qui tombent à la charge du commerce. Le régime applicable à ces matières est, en effet, malgré le peu de valeur qu'elles ont en général, très compliqué, et la perception des droits nécessite des opérations aussi coûteuses que gênantes. S'agit-il, par exemple, des marbres, il faut peser les blocs, ce qui n'est pas toujours fort commode, ou si, par leur trop grand volume, ils se refusent au pesage, il faut au moins en mesurer toutes les dimensions pour en induire le poids. Il faut, en outre, les soumettre à un examen assez minutieux pour en déterminer l'espèce par les couleurs ou la texture, et, s'il existe quelque doute sur ce point, il est ordonné aux employés de provoquer l'expertise légale. De semblables formalités sont prescrites pour la plupart des autres articles, sans compter que, dans bien des cas, on a cru devoir encore limiter le nombre des bureaux où ils seront admis. Comprend-on un tel régime pour des produits si encombrants, si lourds, et dont la circulation est déjà si difficile ?

Quoique les droits sur ces matières paraissent en général assez faibles et qu'ils rapportent peu, ils ne laissent pas d'être souvent fort élevés relativement à la valeur. Ils varient, par exemple, de 5 fr. à 25 fr. 20c. les 100 kil. sur les marbres, selon les espèces et les dimensions et selon qu'il s'agit de blocs simplement équarris ou de tranches. Dès l'instant que les marbres sont sculptés, moulés, polis ou autrement ouvrés, ils sont taxés à 40 et 44 fr. les 100 kil. Sur les écossines, pierres de même nature que les marbres, mais de qualité inférieure et qui servent notamment à faire les carreaux de pavage, le droit est de 15 pour cent de la valeur. L'albâtre paie 4 fr. et 4 fr. 40 c. les 100 kil. lorsqu'il est brut, et 15 pour 100 de la valeur lorsqu'il est sculpté, moulé ou poli. Les agates paient 15 fr. et 16 fr. 50 c. lorsqu'elles sont brutes ; ouvrées et en chiques, 20 et 22 fr. ; autres, 200 et 220 fr. C'est bien pis pour le cristal de roche, qui, sujet à un droit de 62 fr. et 67 fr. 60 c. à l'état brut, est frappé d'une prohibition absolue lorsqu'il est ouvré. Il n'est pas jusqu'aux pierres ouvrées, en chiques ou autres, qui ne soient sujettes à des droits de 10 et 11 fr.

les 1.00 kil., ou de 15 pour cent de la valeur. Les meules à moudre ou à aiguiser, que la loi distingue en douze espèces, selon les dimensions, sont sujettes à autant de droits différents, qui vont de 10 c. à 7 fr. 50 c. la pièce. On n'a pas même épargné les pierres et terres servant aux arts et métiers, telles que pierres à aiguiser, spath. castine, pierres à feu, bol d'Arménie et terre de Lemnos, terre à pipe, tripoli ou alana, craie, groison, pierre ponce, pierre de touche, talc brut, pierres ferrugineuses, derle ou terre à porcelaine, cailloux à faïence ou à porcelaine, ocres et autres pierres ou terres non dénommées. Les droits, qui varient de 5 c. [9] à 9 fr. 90 c. les 100 kil., peuvent être considérés comme faibles dans certains cas, comme assez élevés dans d'autres, mais toujours déplacés et abusifs. On n'a pas épargné davantage les matériaux à bâtir, même la chaux, le plâtre, les moellons et déchets de pierre et le sable commun. C'est le délire de la protection ou le côté ridicule de la fiscalité. La marne, qui ne sert guère qu'à l'amendement des terres, paie également un droit de 10 c. les 100 kil. ; le code de la douane ne dit pas de quelle manière on doit en constater le poids, et c'est fâcheux. Sur le soufre, le droit varie, selon l'état dans lequel il se présente, de 25 c. à 14 fr. 30 c. les 100 kil. Enfin, les bitumes, sans en excepter le goudron minéral provenant de la distillation de la houille, paient également des droits qui, sur les cinq articles distincts qu'ils présentent, varient de 10 cent. à 7 fr. 70 cent. les 100 kilogrammes.

Il ne faut certainement pas une grande force de raisonnement pour comprendre combien toutes ces taxations sont abusives, et combien il importe que cette partie du tarif soit dès à présent, sinon entièrement biffée, au moins réduite à deux on trois articles, en attendant une suppression totale. Il y a de cela plusieurs raisons dont chacune est décisive. La première, c'est que, la plupart des articles qui forment cette série étant des produits naturels que la terre donne inégalement et par places, sans qu'il soit possible de les faire naître à force d'art A, ils n'existent pas, il faut bien, quoi qu'on fasse, se résoudre à les prendre ou ils se trouvent, et qu'ici par conséquent le système protecteur, en supposant qu'il puisse dans certains cas être utile pour favoriser l'essor d'une industrie naissante, demeure nécessairement sans effet. Si l'on considère en outre l'extrême utilité de ces produits, dont l'usage est plus ou moins nécessaire en tout pays, on comprendra combien il im-

Charles Coquelin

porte d'en rendre la circulation facile, afin de corriger autant que possible le tort de la nature, qui ne les a pas répartis également partout. Cela est d'autant plus nécessaire que ces produits sont en général très encombrants et très lourds. On l'a si bien senti dans d'autres circonstances, qu'on a presque toujours réduit en faveur de ces matières le coût du transport sur les chemins de fer et les canaux. Comment concevoir après cela qu'on les assujettisse à des droits onéreux et à des formalités gênantes à la frontière ? C'est substituer aux obstacles naturels, que l'on travaille à grands frais à détruire, des barrières artificielles qu'il en coûte beaucoup pour élever et pour garder.

De cela même que la terre produit ces matières inégalement et par places, et qu'elles sont en général très lourdes, il résulte encore que le monopole s'en empare facilement. Le plus souvent il n'existe qu'un petit nombre d'exploitations dans un même lieu, quelquefois même une seule, et alors les producteurs, maîtres absolus du marché, rançonnent à leur gré les consommateurs. Comment craindre d'ailleurs que cette concurrence puisse en aucun cas devenir menaçante pour les producteurs indigènes ? Est-ce que dans ces sortes de travaux, où la nature a fait presque tous les frais de la production, les conditions d'exploitation ne sont pas à peu près les mêmes partout ? Est-ce que les frais de transport, toujours considérables, ne sont pas une garantie surabondante contre un excessif avilissement des prix ?

Si l'on avait bien pesé ces considérations, et surtout celle qui ressort du danger des monopoles, jamais on n'aurait conçu la pensée d'établir un droit quelconque à l'importation des matières minérales, quelle qu'en soit l'espèce, pierres, terres, combustibles ou métaux. C'est déjà bien assez, c'est beaucoup trop même, de l'inégalité de leur répartition sur le sol et des obstacles que leur poids seul oppose à l'activité des transports. En tout état de choses, l'établissement des monopoles n'est que trop facile sur la plupart de ces produits en ajoutant aux obstacles naturels des obstacles artificiels, on multiplie les monopoles et on les aggrave, et comme ils s'attaquent à des produits de la plus haute utilité, qui sont ou les matières premières de l'industrie, ou les agents nécessaires du travail, on atteint par là à sa source même, on enchaîne en quelque sorte par sa base toute l'industrie d'un pays.

Les droits établis sur les articles qui nous occupent devraient donc, en principe être tous immédiatement supprimés. Cependant, comme l'état de choses actuel a créé dans certaines directions quelques intérêts qui pourraient être compromis par un changement si brusque, nous proposerions de maintenir provisoirement des droits réduits sur trois articles : les ardoises, les tuiles, et le cristal de roche ouvré.

De ces trois produits, les deux premiers sont actuellement frappés de droits excessifs, le dernier d'une prohibition absolue. Sans nous étendre sur les conséquences de ces rigueurs, qui ont été l'amoindrissement des recettes publiques, le renchérissement artificiel des prix à l'intérieur, et de plus, notamment en ce qui concerne les ardoises, la détérioration progressive des produits, nous demanderons qu'on établisse provisoirement sur ces articles des droits qui n'excéderaient pas 15 et 20 pour 100 de la valeur, sauf à les dégrever encore dans un terme assez prochain. A ces conditions, la recette de la douane s'accroîtrait. Toutefois, comme il serait difficile d'en apprécier l'importance, et comme le chiffre n'en serait pas, en fin de compte, très élevé, nous n'en tiendrons pas compte dans nos calculs.

Métaux. — Par rapport à ce grand chapitre des métaux, qui comprend un peu plus de cinquante articles de recette, il n'est guère possible d'opérer d'une manière aussi radicale que nous l'avons fait pour le précédent, et nous en avons dit les raisons, au moins en ce qui concerne les fontes et les fers. On pourrait toutefois en retrancher immédiatement plusieurs articles, qui ne donnent que des produits insignifiants ou nuls, et dont aucun intérêt présent ne peut raisonnablement solliciter le maintien, par exemple, l'or et l'argent en minerai, en feuilles ou en lingots ; les cendres et regrets d'orfèvre ; les minerais de fer, de cuivre, de plomb et de tous les autres métaux. Si faibles que soient les droits sur ces divers minerais, ils sont toujours des entraves, et à quoi bon maintenir des taxes gênantes qui ne produisent rien ? On supprimerait pareillement, et par les mêmes raisons, les droits sur les limailles et les mâchefers. Si l'on étendait encore cette mesure au mercure ou vif-argent, au manganèse et à quelques autres produits secondaires dans lesquels les intérêts existants sont moins engagés, on aurait déjà obtenu, sans perte sensible pour le trésor, une très grande et très utile simplification de cette partie du tarif.

Il est difficile de comprendre pourquoi on a fait figurer dans ce chapitre des *métaux* certains produits ouvrés, qui figureraient beaucoup mieux, selon nous, au chapitre des *fabrications diverses*, comme, par exemple, les articles de tréfilerie, les cordes métalliques pour instruments, etc. Passons toutefois sur cette considération, et prenons le chapitre tel qu'il se trouve après les radiations que nous venons d'y faire.

Le produit total en a été, pour 1844, de 6,612,501 fr., et, pour 1845, de 6,980,807 fr. L'article fer, sous ses divers aspects, fonte, fer et, acier, figure seul dans ce total, en 1845, pour 5,366,556 fr. Il est donc de beaucoup le plus considérable quant au revenu fiscal, comme il l'est d'ailleurs par son importance commerciale et industrielle. Après le fer vient le plomb, qui a produit, en 1845, 1,103,611 francs. Le cuivre, qui vient en troisième lieu, a produit, dans la même année, 308,093 francs. Si l'on additionne les recettes obtenues sur ces trois articles principaux, on trouvera qu'elles constituent la presque totalité du revenu prélevé sur ce chapitre. A ce point de vue, il y aurait donc fort peu d'inconvénient à faire disparaître du tarif tous les autres métaux tels que le zinc, l'étain, le bismuth, l'antimoine, le cobalt, l'arsenic métallique, etc. Il paraîtrait d'autant plus convenable de le faire, que la Frange ne produit que de très faibles quantités de tous ces métaux. Sans proposer toutefois de nouvelles radiations, voyons seulement comment il conviendrait de régler cette partie du tarif, dans le double intérêt de l'industrie et du trésor public.

En ce qui regarde la fonte et le fer, nous avons déjà posé les bases. Pour la fonte, les droits, qui sont actuellement de 4 francs à l'importation par terre et de Belgique, de 7 fr. et 7 fr. 70 c. par mer, devraient être réduits au moins de moitié. Il serait en outre convenable et nécessaire d'arriver à les égaliser aussitôt que nos engagements avec la Belgique le permettraient. Placés en face du bassin houiller de Valenciennes, qui, mieux qu'aucun autre centre industriel français, est en mesure de tirer parti des fontes étrangères, les producteurs belges auront toujours, à prix égal, la préférence sur tous les producteurs étrangers. Pourquoi fortifier, exagérer ces avantages naturels par des préférences injustes ? Par là nous ne faisons guère que faciliter l'établissement en Belgique de monopoles dont l'existence n'est que trop réelle, et qui ne sont pas moins funestes à ce pays qu'à nous. Un tel privilège est d'ailleurs contraire au développement de nos intérêts maritimes, qu'on affecte ailleurs de vouloir favoriser. Cette distinction fâcheuse étant supposée détruite, nous fixerons le droit sur les fontes à 3 francs les cent kilogrammes, sans distinction de provenances. A ces conditions, l'importation augmenterait considérablement. L'industrie du bassin de Valenciennes, qui a déjà considérablement gagné à la modération des droits opérée en 1836 et en 1841, qui doit même à ces utiles réformes son existence actuelle, en recevrait une nouvelle impulsion et un redoublement d'activité. Par rapport an trésor, le résultat serait à peu près nul, en ce sens que l'augmentation de l'importation compenserait l'abaissement du droit. Nous supposerons toutefois que la recette tomberait de 3,235,491 fr., chiffre de 1845, à 3,000,000.

C'est sur le fer proprement dit, en barres, en tôles, en fils, qu'il pourrait y avoir une augmentation de revenu considérable, si les droits étaient plus modérés, parce que l'importation, singulièrement restreinte aujourd'hui par l'exagération du tarif, est fort au-dessous des besoins réels du pays. Voici l'état actuel de la législation sur cette matière.

La loi distingue d'abord les fers en barres traités au charbon de bois et au marteau de ceux qui sont traités à la houille et an laminoir. Dans chacune de ces classes, elle distingue encore les barres selon leurs formes, plates, rondes on carrées, et selon leurs dimensions, distinctions qui ont toujours été fort peu convenables, et qui sont même devenues tout-à-fait sans objet depuis que les fers de toutes formes et de toutes dimensions se fabriquent à peu près par les mêmes procédés et à des conditions égales. Sur les fers traités au charbon de bois et au marteau, les droits actuels varient de 15 fr. les cent kilog. à 37, fr. 50 c. par navires français, de 16 fr. 50 c. à 41 fr. 20 c. par navires étrangers. Sur les fers traités à la houille et au laminoir, ils varient de 18 fr. 75 c. à 37 fr. 50 c. par navires français et par terre, de 20 fr. 60 c. à 41 fr. 20 c. par navires étrangers. Tout cela établit sur un seul et même produit, disons mieux, sur une seule variété d'un produit, trente-deux droits différents. A toutes ces taxations inégales et si peu judicieuses, nous proposerions de substituer un droit unique de 9 fr. les 100 kilog. Ce serait encore

Charles Coquelin

plus de la moitié de la moyenne actuelle des droits perçus sur les grosses barres, puisque ces droits sont de 15 fr. pour les fers traités au charbon de bois, et de 18 fr. 75 c. pour les fers traités à la bouille. Quoi qu'il en soit, les rails pour chemins de fer, assimilés par la loi actuelle aux fers en barres, et imposés aux mêmes taux selon leurs dimensions, seraient également assujettis à ce droit uniforme de 9 francs.

A ces conditions, il est hors de doute que l'importation, en France, des fers en barres et des rails, qui est actuellement bien faible, augmenterait dans une proportion notable, tellement que la recette s'élèverait, malgré l'abaissement des droits. On peut en juger par ce seul fait, que, sur les fers traités au charbon de bois, quoique le droit soit moindre, la recette s'est élevée, en 1845, à 1,113,831 francs, tandis que sur les fers traités à la houille elle n'a pas excédé 104,281 francs. C'est qu'en effet l'importation des fers traités à la houille, repoussée par l'exagération de nos tarifs, est d'une insignifiance ridicule : elle n'a été que de 5,633 quintaux métriques en 1845 (commerce spécial), tandis qu'une importation décuple, dût-elle concourir, ce qui arriverait certainement, avec l'accroissement de la production intérieure, serait à peine en rapport avec l'étendue de nos besoins. Avec un droit uniforme de 9 francs, il ne faut pas douter qu'elle augmenterait à la fois pour les deux sortes de fers, mais surtout pour les fers traités à la houille : la recette de la douane s'élèverait alors sans peine à 3,000,000 de francs.

L'importation augmenterait également pour les rails, bien que cela pût dépendre, en ce cas, de l'activité que l'on apporterait à la construction des chemins de fer. Il ne faudrait pas s'étonner que de 303,719 fr., chiffre de 1845, elle s'élevât promptement à 2 millions ; mais elle pourrait demeurer aussi fort au-dessous de ce chiffre. Nous ne porterons donc en compte, pour cet article spécial, que la modeste somme de 500,000 francs.

Sur les produits immédiatement dérivés du fer, le fil de fer, la tôle et le fer-blanc, aussi bien que sur l'acier avec ses dérivés, l'exagération du tarif est poussée jusqu'au délire. Tôle, droit principal, 40 francs les 100 kil. ; fil de fr., 60 fr. ; cordes métalliques, 70 fr. ; acier en barres, naturel et de cémentation, 60 fr. ; acier fondu, 120 fr. ; en tôle de toute espèce, 80 fr. ; filé de toute espèce, 100 fr. [10]. Aussi l'importation de ces divers articles est-elle excessivement faible et la recette presque nulle. Voici comment nous croirions devoir rectifier cette échelle de droits, en ménageant autant qu'il est nécessaire les intérêts existants. Pour les articles en fer : sur la tôle, 20 fr. au lieu de 40 ; sur le fer-blanc, 35 au lieu de 70 ; sur le fil de fer, 30 au lieu de 60 ; sur les cordes métalliques, 35 au lieu de 70 : ce serait partout une réduction de moitié. Pour l'acier et ses dérivés, il faudrait immédiatement des réductions plus fortes, tant à cause de la haute utilité de ce produit que parce qu'il manque réellement en France, et que son absence ou sa cherté se fait cruellement sentir dans tous les travaux industriels. Sur l'acier en barres, naturel et de cémentation, 20 fr. au lieu de 60 ; acier fondu, 40 fr. au lieu de 120 ; en tôle de toute espèce, 30 fr. au lieu de 80 ; filé de toute espèce, 35 fr. au lieu de 100. Certes, une telle échelle de droits laisserait une marge suffisante aux producteurs indigènes ; elle leur serait même plutôt favorable que nuisible, surtout pour ceux qui fabriquent la tôle et le filé ; en même temps l'industrie française en recevrait un grand soulagement. Dans cette combinaison, la recette de la douane sur ces divers articles, qui ne s'est élevée, en 1847, qu'à 606,143 francs, s'élèverait sans peine au double, c'est-à-dire à environ 1,200,000 fr. En laissant donc de côté le minerai de fer, la limaille et le mâchefer, que nous exemptons de tout droit, et en négligeant la ferraille et la mitraille, dont l'importation n'est actuellement permise qu'au moyen d'autorisations spéciales, nous obtenons sur les seuls articles foule, fer et acier, les recettes suivantes :

Fonte	3,000,000 fr.
Fer et ses dérivés	3,000 000
Acier et ses dérivés	1,200,000
Total	7,200,000 fr.

résultat déjà supérieur à celui que la douane obtient aujourd'hui sur tout l'ensemble du chapitre des métaux.

Il n'y a guère moins à faire par rapport au cuivre, bien que la recette ne doive jamais s'élever en définitive aussi haut. Sur le cuivre brut, c'est-à-dire sur le cuivre pur, de première fusion, en masses, barres, plaques ou en objets détruits, le droit actuel paraît très faible, puisqu'il n'est que de 10 cent. les 100 kilogrammes ; mais la loi y met cette condition, que ce produit sera apporté des *pays hors d'Europe* par navires français. S'il vient par les mêmes navires des pays d'Europe, le droit s'élève aussitôt à 2 fr., à 3 fr. dans tous les cas par navires étrangers. C'est une de ces combinaisons soi-disant ingénieuses dont le législateur s'avise pour favoriser notre marine eu lui fournissant l'occasion des longs voyages. Malheureusement c'est dans les pays d'Europe que le cuivre abonde, ou, s'il se trouve en grandes quantités dans quelques pays lointains, comme, par exemple, au Chili et au Pérou, c'est à l'état de minerai, que la législation actuelle sur les houilles et sur les cokes ne nous permet guère d'utiliser dans nos ports. Que penser dès-lors d'une telle combinaison ? Elle a paru si heureuse pourtant, que la loi du 9 juin 1845 l'a étendue aux cuivres de première fusion alliés de zinc ou d'étain, produits sur lesquels le tarif antérieur n'avait établi qu'une différence de 1 fr. à 2 fr., selon les provenances, quand ils étaient importés par navires français. Est-il rien de plus extraordinaire que cette persévérance aveugle dans une politique fausse, déjà si hautement condamnée par ses résultats ? On prétend favoriser notre marine en la forçant, par des différences exagérées de droits, à aller chercher dans les pays lointains des produits qui n'y sont pas ou qu'on n'y trouve qu'en médiocre quantité et à des conditions onéreuses, et en même temps on l'empêche de rapporter de ces pays les produits qui s'y trouvent et qui ne se trouvent que là. L'expérience montre, au reste, comment ces ingénieux procédés conduisent au but qu'on se propose.

Il y a pourtant une observation à faire sur ce sujet. Depuis un certain nombre d'années, c'est l'Angleterre qui est en possession de fournir à l'Europe la plus grande partie du cuivre de première fusion qui s'y consomme. Elle a dû cet avantage non-seulement à l'abondance de ses mines de cuivre et de ses houilles, mais encore et surtout aux facilités dont elle a joui par rapport à l'importation et à la mise en œuvre du minerai étranger. En vertu d'une loi adoptée en 1826 ou en 1827, il fut permis d'importer dans ce pays le minerai étranger par toutes sortes de navires et en franchise de droits, pour y être fondu en entrepôt, à charge de réexportation. Sous l'empire de cette loi, l'industrie qui s'applique à la fusion du minerai de cuivre acquit une grande importance en Angleterre, et les entrepôts anglais devinrent les centres d'approvisionnement de la plus grande partie de l'Europe. Cependant cette faculté de fondre le minerai de cuivre en entrepôt a été retirée en 1842. Tous les minerais étrangers ont été soumis dès-lors à l'application des droits, et, comme par cela même ils tombaient sous le coup de la loi de navigation, il n'a plus été permis de les importer, des pays hors d'Europe, que par navires anglais. Avec ce double désavantage, l'industrie de la fusion du cuivre n'a pu se soutenir dans son ancienne splendeur. Elle décline depuis 1842 et tend visiblement à se transplanter ailleurs. Déjà quelques établissements se sont formés sur le littoral des États-Unis et dans les villes anséatiques. Il y a plus : les principaux pays de provenance, le Chili et le Pérou, qui autrefois se contentaient d'extraire le minerai de cuivre et de l'expédier en Angleterre, entreprennent aujourd'hui de le fondre eux-mêmes, malgré le désavantage frappant de leur situation. C'est grâce à cette circonstance que la France a pu tirer de ces deux pays, en 1846, environ 1,100,000 kil. de cuivre de première fusion ; ce qui est encore bien peu de chose, toutefois, eu égard à ses besoins, puisque son importation totale s'est élevée, dans la même année, à environ 8,000,000 kil. Si les choses étaient demeurées dans leur ancien état, malgré les droits différentiels, c'est de l'Europe seule, et particulièrement de l'Angleterre, que nous aurions reçu la presque totalité de notre approvisionnement en cuivre. Et combien n'en a-t-il pas coûté au trésor, même dans l'état présent des choses, pour que la marine allât chercher au loin cette faible quantité qui nous était offerte à de bien meilleures conditions si près de nous [11] !

Si l'Angleterre devait persévérer, contre ses intérêts manifestes, dans la politique illibérale qu'elle a adoptée en 1842, et achever de ruiner chez elle l'industrie de la fonte du ruinerai de cuivre, nul doute que la France ne pût aspirer à en recueillir les débris. Elle est pour cela aussi avantageusement située qu'aucun antre pays de l'Europe ; mais il faudrait au moins qu'elle reçût en franchise, en même temps que le minerai de cuivre, le combustible nécessaire pour le mettre en œuvre. Il semble que les auteurs de la loi actuelle, qui date de 1836, se soient proposé un résultat semblable, en permettant que le minerai de cuivre fût importé de tous pays au faible droit de 10 centimes par quintal métrique, et en supprimant dans ce cas, par une exception assez rare, la surtaxe sur les navires étrangers. Malheureusement ils n'ont su faire les choses qu'à demi, car, en adoptant un régime assez libéral par rapport à la matière première, ils ont maintenu des droits excessifs sur le combustible, dont notre littoral est dépourvu. Dès-lors, l'industrie des fondeurs eût-elle été entièrement exilée de l'Angleterre, elle se serait transplantée partout ailleurs plutôt qu'en France. Aussi, quoique notre importation en minerai se soit graduellement accrue depuis 1842, elle ne s'est encore élevée, en 1846, qu'à 1,100,000 kilogrammes. C'est dire assez que l'industrie des fondeurs ne fait guère que poindre en France, tandis qu'elle aurait pu avoir dès à présent une grande importance, si on avait adopté un régime plus libéral. Au reste, l'Angleterre commence à comprendre la faute qu'elle a faite en 1842, et il est probable qu'elle la réparera bientôt. Soit qu'elle rétablisse purement et simplement le régime antérieur à cette époque, soit qu'elle en adopte un autre encore plus large et mieux en harmonie avec ses nouvelles idées, elle ne tardera pas à recouvrer ce qu'elle a perdu. Quoi qu'il arrive, ce que la France aura de mieux à faire sera toujours de recevoir le cuivre des pays qui le fournissent avec le plus d'abondance et au meilleur prix. Se raidir, comme elle le fait, contre le cours naturel des choses, c'est se condamner à de très grands sacrifices pour obtenir de très médiocres résultats.

Malgré la nouvelle confirmation qui a été donnée, en 1845, à ce faux principe des droits différentiels en faveur de la navigation lointaine, nous établirions donc sur les cuivres un droit uniforme, sans distinction de provenances, comme étant à la fois le plus favorable au commerce et le plus productif pour le trésor public. Ce droit, nous le fixerions, sur le cuivre de première fusion, soit pur, soit allié de zinc et d'étain, au chiffre le plus élevé du tarif actuel, 2 francs les 100 kilogrammes par navires français, car ce dernier chiffre même est modéré, si on le compare à ceux qui s'appliquent aux fers. Alors la recette, qui n'a été en 1845 que de 211,304 fr., s'élèverait tout au moins à 300,000 fr.

Si le droit actuel, même le plus fort, est encore assez modéré en ce qui concerne le cuivre de première fusion, il n'en est pas de même aussitôt que cette matière a reçu un commencement de main-d'œuvre. Ainsi le cuivre pur laminé, en barres ou en planches, ne paie pas moins de 50 fr. les 100 kilogrammes par navires français et 55 fr. par navires étrangers. Battu, le même métal paie 80 et 86 fr. 50 cent. ; filé, selon qu'il est teint ou non teint, il est soumis à des droits de 100 fr. et 107 fr. 50 c., ou de 286 et 302 fr. 50 c. Même exagération pour les cuivres alliés de zinc et d'étain. Il résulte de là, en faveur du petit nombre d'industriels qui laminent ou battent le cuivre, particulièrement pour l'usage de la marine, des privilèges dont ils abusent. Ils rançonnent les armateurs, et de plus, dans un grand nombre de localités, les produits, au lieu de s'améliorer, se détériorent de jour en jour : on ne s'en aperçoit que trop dans le doublage de nos navires. C'est une autre conséquence fort naturelle de l'exagération des droits sur les cuivres ouvrés, que l'importation en est presque nulle : le trésor en souffre donc aussi bien que le commerce. Afin de mettre les droits sur ces produits ouvrés un peu mieux en rapport avec ceux qui frappent les matières brutes, nous les fixerions, sur les cuivres purs laminés, à 10 francs au lieu de 50, et sur les autres produits en proportion. Il va sans dire que nous remplacerions la prohibition qui frappe le cuivre allié de zinc, lorsqu'il est filé ou poli, par un droit gradué sur tous les autres. A ces conditions, ces divers produits, au lieu d'offrir comme aujourd'hui des recettes ridicules, qui vont à 47 fr., 39 fr., 3 fr. et quelquefois même à 0, et qui ne s'élèvent pas toutes ensemble à plus de 95,863 francs, en y comprenant même la recette plus considérable obtenue sur le cuivre doré, tous ces produits, disons-nous, donneraient sans peine au trésor 300,000 francs par an.

Ce que nous venons de dire à propos du cuivre s'applique avec la même force à l'étain, sur lequel, par des rectifications semblables du tarif, on élèverait la recette de la douane de 47,373 fr., chiffre de 1845, à 100,000 fr. pour le moins. Cela s'applique également au zinc, où l'on remarque aussi dans l'échelle des droits, quand on passe du produit brut au produit ouvré, des différences à peine croyables : 10 cent. à 50 fr. Pour le plomb, la différence est moins outrée ; elle n'est que de 5 à 24 fr. les 100 kilogrammes : aussi y a-t-il eu au moins une faible recette de 87 francs sur le plomb battu ou laminé ; mais cette différence est encore beaucoup trop forte. Le droit de 24 fr. serait réduit à 10, et le revenu s'élèverait. Sans entrer à cet égard dans de plus longs détails, nous dirons que ces observations s'appliquent de même, avec plus ou moins de justesse, aux

Charles Coquelin

autres métaux, tels que bismuth, nickel, antimoine, cobalt, en ce sens du moins que l'assiette des droits est partout fort inégale, et qu'en réglant mieux l'échelle du tarif, on en augmenterait sensiblement le produit. Là recette sur ces articles s'élèverait alors, y compris les droits perçus sur le plomb brut, de 1,276,306 fr., chiffre de 1845, à plus de 2,000,000.

Voici donc les divers résultats que nous obtiendrions sur le chapitre des métaux :

Fonte	3,000,000 fr.
Fer et ses dérivés	3,000,000
Acier et ses dérivés	1,200,000
Cuivre de première fusion, pur ou allié	300,000
Cuivres ouvrés	300,000
Plomb et autres métaux, bruts et ouvrés	2,000,000
TOTAL	9,800,000 fr.

Ce résultat est fort supérieur, comme on le voit, à la recette actuelle, quoique nous l'ayons plutôt amoindri qu'exagéré. Ainsi, malgré la suppression totale du chapitre précédent, relatif aux pierres, terres et combustibles minéraux ; malgré la radiation de plusieurs articles dans le chapitre actuel des métaux, et la modération de droits que nous avons admise sur presque tous les autres, nous trouvons encore, pour l'ensemble de la section des matières minérales, un chiffre qui excède les trois quarts de la recette actuelle ; c'est 9,800,000 francs au lieu de 13,012,643. Après tant d'améliorations introduites, la perte pour le trésor n'est en somme que de 3,212,643 francs sur cette section.

Ici se termine, du reste, la série des sacrifices que l'état aurait à s'imposer. A partir de ce moment, nous n'aurons plus, au moins sur l'ensemble de chaque chapitre, que des augmentations de recettes à constater. Voyons donc à quelle somme totale les sacrifices précédents s'élèvent :

1re section, matières animales	4,200,000 fr.
2e - végétales	10,441,240
3e - minérales	3,212,643
TOTAL	17,853,883 fr.

Voilà donc le chiffre total des diminutions de recettes que l'état aurait à subir après tant de réductions et tant de suppressions de droits. Et moyennant ce sacrifice, plus apparent que réel, quels immenses bienfaits répandus sur le pays ! La perte pour le trésor public dût-elle être absolue et définitive, il ne faudrait pas hésiter à l'accepter en considération des résultats. Il s'en faut bien pourtant qu'il en soit ainsi. Dans la partie du tarif qui nous reste à examiner, nous allons voir arriver une à une d'abondantes compensations. Déjà, sur les *fabrications*, qui forment la dernière section du tarif, nous verrons les recettes grossir de manière à couvrir à peu près le déficit précédent, et cela par la simple conversion des droits prohibitifs ou des prohibitions absolues en droits modérés, sans que d'ailleurs aucune industrie existante soit mise un seul instant en péril ; mais c'est surtout sur les denrées coloniales, dont nous avons fait une section à part, que les augmentations de recettes seront considérables. C'est là que nous trouverons pour le trésor public, aussi bien que pour notre marine marchande, des résultats aussi brillants qu'inattendus : il y a de ce côté, s'il est permis de le dire, tout un monde nouveau à conquérir. C'est ce que nous tâcherons de mettre en évidence dans la troisième et dernière partie de ce travail.

Notes

1.   Dans les tableaux de la douane, l'évaluation est portée à 75 fr. les 100 kil., tant pour les graines (le lin que pour les graines de sésame. Nous ne savons sur quelle base ces évaluations ont été faites : les nôtres sont empruntées aux prix courants de février et avril 1844 sur la place de Marseille.

2.   Les droits sur les soudes sont de 11 fr. 50 cent. les 100 kil.

Charles Coquelin

par navires français, et 12 fr. 60 cent. par navires étrangers. C'est environ 80 pour 100 de la valeur. Sur les potasses, les droits saut de 10, 15, 18 et 21 francs ; la valeur officielle est de 60 francs.

3. Dans les tableaux officiels, la valeur attribuée à l'huile d'olive est de 80 francs les 100 kil., et on évalue au même taux l'huile de graines grasses. Il y a là une double erreur. L'évaluation est peut-être un peu trop forte pour l'huile de graines grasses, mais elle est certainement trop faible pour l'huile d'olive, dont les prix varient, sur la place de Marseille, de 110 à 120 francs.

4. La plupart des moulins qui fabriquent l'huile dans le nord sont des moulins à vent. Quand le vent fait défaut, ce qui arriva quelquefois pendant un temps assez long, la fabrication est forcément arrêtée, et alors les cours s'élèvent outre mesure pour retomber ensuite brusquement quand la fabrication est reprise. De là des inégalités continuelles et des désordres dont tout le monde souffre, même ceux qui croient en profiter. La facilité de l'importation des huiles étrangères aurait pour effet certain d'atténuer, sinon de faire disparaître entièrement ces inégalités.

5. On distingue ces lichens de ceux qui sont propres à la teinture et qui figures parmi les matières tinctoriales.

6. La consommation de l'acajou, en Angleterre, a été, en 1846, à peu près sept fois plus considérable qu'en France. C'est, pour la France, 5,800,000 kil., et pour l'Angleterre 38,000,000. Les Anglais emploient maintenant une sorte d'acajou, plus légère que les autres, à construire le pont ou plancher de leurs navires. Cette espèce particulière n'est guère comme en France.

7. Le tarif par rapport aux bois exotiques autres que l'acajou a été modifié par la loi du 9 juin 1845 ; mais, au lieu de diminuer les surtaxes, dont l'expérience montre si clairement l'impuissance et les fâcheux effets, on les a aggravées.

8. On comprend bien qu'il y a un peu d'éventualité dans ce calcul. L'accroissement de la consommation, après l'abaissement du droit, peut dépendre de l'abondance de la récolte aux États-Unis et du prix auquel le coton en laine s'élèverait dans ce pays ; mais, comme cette éventualité se rencontre également dans le régime présent, nous n'avons pas à en tenir compte.

9. Sur la castine, les pierres à chaux brutes et les moellons et

déchets de pierre, les droits ont été réduits à 1 centime les 100 kil. par la loi du 9 juin 1845. Pourquoi pas un affranchissement absolu ? On n'a pas eu le courage de le prononcer.

10.   La loi du 9 juin 1845 a légèrement modifié le tarif sur les aciers, mais elle en a maintenu les bases. Nous tenons compte ici de ces modifications.

11.   Ces 1,100,000 kil. de cuivre de première fusion tirés du Chili et du Pérou constituent à peu près le changement de deux navires d'un passable tonnage, en supposant toutefois qu'on ait pu former avec cette sorte de marchandise des cargaisons complètes, ce qui est difficile. Dans cette hypothèse, voici ce qu'aura coûté au trésor public le voyage de ces deux navires pour le retour seulement. Importés d'Europe par navires français, les 1,100,000 kil. de cuivre de première fusion auraient payé, à raison de 2 fr. les 100 kil., et 2 fr. 20 cent. avec le décime, 24,200 francs. Importés du Chili et du Pérou, ils n'ont payé, à raison de 11 centimes les 100 kil., décime compris, que 1,210 francs ; — différence, 22,990 francs. L'état a donc fait en réalité un sacrifice de 22,990 francs pour faire faire à deux navires un long voyage dans l'Amérique du Sud, au lieu d'un voyage court en Europe, et il faut bien remarquer que le commerce n'a profité en rien de cette différence, car il a payé les cuivres tirés du Chili et du Pérou tout aussi chèrement que ceux qui nous viennent de l'Angleterre, de la Russie ou des villes anséatiques. On peut juger, par cet exemple, combien il en coûte à l'état pour maintenir la marine dans sa misérable position actuelle, et combien il lui en coûterait surtout pour la mettre dans une position respectable en persévérant dans les mêmes voies.

Charles Coquelin

Des denrées coloniales comme sources du revenu

VII.
FABRICATIONS

Nous avons passé en revue, dans les deux premières parties de cette étude, les produits naturels des trois règnes, animaux, végétaux et minéraux. Nous arrivons maintenant à la grande section des fabrications, qui comprend, en dix chapitres distincts, tous les articles fabriqués ou manufacturés : produits chimiques, teintures préparées, couleurs, compositions diverses, boissons, vitrifications, fils, tissus, papier et ses applications, ouvrages et matières diverses. En ce qui regarde le régime applicable à ces produits, les principes sont posés ; il ne reste plus qu'à tirer hardiment les conséquences.

Il s'agit de substituer partout, aux droits exagérés ou aux prohibitions absolues du tarif actuel, des droits modérés de 15, 20 à 25 pour 100 au plus. Rarement convient-il de descendre au-dessous de 15 pour 100, au moins dans l'état présent des choses, parce qu'il faut tout à la fois considérer l'intérêt du trésor et ménager pour l'industrie les transitions. En aucun cas, il ne peut être utile ou convenable d'excéder la limite de 25 pour 100, parce qu'il n'existe aucune industrie en France qui ait besoin, même transitoirement, d'une protection plus forte.

Produits chimiques. — Dès l'abord pourtant, nous nous trouvons en face d'une exception. Quoique les produits chimiques soient considérés avec raison comme des articles fabriqués, ils suivent le sort des produits naturels en ce sens que, la production en étant limitée dans le pays par le nombre actuel des usines, qu'il n'est pas permis d'augmenter à volonté, ils peuvent devenir, comme ils deviennent en effet, l'objet d'un monopole. C'est assez pour que les droits sur ces articles, qui vont parfois à 100 et 200 pour 100 de la valeur, soient immédiatement réduits à un maximum de 8 ou 10 pour 100. Qu'on ne dise pas que la fabrique indigène aurait trop à souffrir d'un tel régime ! Les arts chimiques sont aussi avancés en France que dans aucun autre pays du monde, s'ils ne le sont pas davantage. Pourquoi donc nos fabricants craindraient-ils la concurrence étrangère, surtout quand on leur aura permis d'obtenir à bas prix les matières premières, et particulièrement le sel marin, qui fait la base d'un grand nombre de leurs produits ?

Malheureusement le sel marin est, aujourd'hui prohibé à l'importation. Par une conséquence naturelle de cette prohibition, le monopole s'est emparé de cette denrée nécessaire et en a élevé le prix bien au-delà des frais de production. C'est une des erreurs les plus cruelles, comme aussi l'une des plus inexplicables, du tarif que nous analysons. Elle a singulièrement aggravé, peut-être même doublé dans certains cas le poids de l'impôt. Cette prohibition doit disparaître, car il n'y a aucune raison, disons mieux, il n'y a aucun prétexte pour la maintenir, si l'on considère l'abondance de nos salines aussi bien que les facilités de la production, et elle doit être remplacée immédiatement par un affranchissement absolu. Il est à regretter que le gouvernement provisoire, en abolissant à partir de 1849 l'impôt du sel, n'annonce aussi que pour cette époque la conversion de la prohibition en un simple droit. Si l'impôt du sel intéresse le trésor public, la prohibition qui frappe le sel étranger n'intéresse que les monopoleurs. Il n'y a donc aucune raison pour la maintenir un seul jour, d'autant mieux qu'elle pèse à la fois sur les consommateurs et sur le fisc.

Du jour où, la prohibition sur les sels étrangers étant abolie et le monopole des producteurs étant détruit, le sel ne coûterait pas en France plus qu'il ne coûte ailleurs, les produits chimiques dont le sel est la base s'y fabriqueraient à des conditions tout aussi favorables. Il en serait de même par rapport aux autres produits chimiques, si on accordait pour les matières premières une pareille immunité. Dès-lors une protection de 8 à 10 pour 100 serait presque surabondante Et pourtant, comme toutes les parties de la France ne sont pas également à portée de nos fabriques de produits chimiques ; comme, d'un autre côté, il y a certains articles que les pays étrangers rendent parfois à des conditions plus favorables ; comme il résulte enfin des seules variations du commerce et des oscillations naturelles des prix sur les divers marchés que les échanges internationaux se font toujours dans une certaine mesure, même à égalité d'avantages, quand la répulsion des droits protecteurs n'est pas trop violente, l'importation ne laisserait pas d'avoir lieu dans une proportion beaucoup plus forte qu'aujourd'hui. De là une augmentation nécessaire des recettes publiques.

Si l'on considère que les produits chimiques forment ensemble

Charles Coquelin

environ soixante articles, que, sur la plupart de ces articles, les recettes actuelles sont nulles ou à peu près, à cause de l'excessive exagération des droits, et que la presque totalité des 1,300,000 fr. perçus en 1845 a été obtenue sur trois ou quatre produits moins fortement imposés que les autres, particulièrement les potasses et les nitrates de potasse, qui ont donné ensemble plus de 1,200,000 fr., on comprendra de quel accroissement cette partie du revenu est susceptible. Le droit est pourtant encore trop élevé sur ces derniers articles, puisqu'il varie de 18 à 40 pour 400 de la valeur officielle ; mais c'est bien pis pour quelques autres produits, pour les soudes, par exemple, sur lesquelles il ne va pas à moins de 80 pour 100 de la valeur. Aussi cet article si important n'a-t-il donné, en 1845, qu'une recette insignifiante de 9,444 fr. On peut donc dire sans hésiter que, si tous ces droits étaient ramenés au taux à peu près uniforme de 8 à 10 pour 100, sans différences sensibles en raison des pays de provenance, la recette totale s'élèverait au moins à 2,000,000. C'est ce chiffre que nous porterons sans crainte dans nos calculs.

Teintures préparées. — Plusieurs des observations que nous avons faites sur les produits chimiques s'appliquent avec une égale force aux teintures préparées. Le monopole s'y exerce aussi dans certains cas, et par les mêmes raisons. On y trouve également que le revenu public est amoindri par l'exagération des droits. Seulement le chapitre est moins important, sinon par la nature et la valeur, au moins par le nombre des articles, qui ne s'élève pas à plus de quinze ou seize.

Sur ces quinze ou seize articles, il en est deux des moins imposés, l'indigo et la cochenille, qui donnent la plus grande partie de la recette : 740,000 fr., en 1845, sur une recette totale de 846,000 fr. Aussi le droit n'est-il guère que de 3 à 5 pour 100 de la valeur officielle sur la cochenille, et de 2 et demi à 15 pour 100, selon les provenances, sur l'indigo. Les autres articles, frappés de droits généralement beaucoup plus élevés, et qui vont pour quelques-uns, comme pour le bleu de Prusse et l'orseille bleue, jusqu'à 70 ou 80 pour 100 de la valeur, n'ont presque rien produit. Il est bien étrange qu'après tant d'exemples frappants, on ne veuille pas reconnaître l'influence pernicieuse des tarifs élevés, dont le double effet est toujours de paralyser le commerce et d'appauvrir le fisc. En laissant subsister sur la cochenille et l'indigo les droits actuels, à la seule condition d'atténuer les différences établies par rapport aux provenances, et en ramenant tous les autres droits, aussi bien que la prohibition qui frappe les extraits de teinture, à un droit maximum de 8 à 10 pour 100, on élèverait sans peine le produit total, sur ce chapitre, à 1,200,000 francs.

Couleurs. — En suivant la même méthode et en observant les mêmes règles par rapport aux dix-neuf ou vingt articles qui composent le chapitre des couleurs, on élèverait les recettes de 101,719 francs, chiffre de 1845, à 300,000 francs pour le moins.

Compositions diverses. — Il y aurait une augmentation beaucoup plus considérable à obtenir sur le chapitre des compositions diverses. On y voit figurer les parfumeries de diverses sortes, les épices préparées, les médicaments composés, les savons, la chicorée moulue, l'amidon, la cire à cacheter, la cire ouvrée, l'acide stéarique ouvré, les bougies de blanc de baleine ou de cachalot, les chandelles, la colle de poisson, la colle forte, les extraits de viande, les cigares, le praiss (sauce de tabac), le pain d'épice, le sorbet, le sucre raffiné et le chocolat. Tout cela ne constitue pas moins de 30 à 35 articles, dont quelques-uns sont importants, et pourtant la recette totale ne s'est élevée, en 1845, qu'au chiffre insignifiant de 67,102 francs. Elle n'avait été que de 63,877 francs en 1844, et n'a pas atteint 71,000 francs en 1846. C'est qu'on trouve dans ce chapitre des prohibitions sur les principaux produits et des droits excessifs sur tous les autres.

Les prohibitions atteignent d'abord plusieurs sortes de médicaments composés, comme l'extrait de quinquina et les médicaments non dénommés, ensuite les savons autres que ceux de parfumerie, la chicorée moulue, les cigares et le sucre raffiné. S'il peut y avoir quelques raisons de police médicale qui obligent à repousser certaines espèces de médicaments, ce que nous ne voulons pas examiner ici, du moins n'y en a-t-il aucune pour repousser les savons et les sucres raffinés. Laissons de côté la chicorée moulue, que nous avons déjà rencontrée ailleurs, et les cigares, qui intéressent le monopole du tabac. Quelle raison y a-t-il pour prohiber les savons étrangers ? Veut-on faire prospérer les savonneries françaises ? Rien de mieux : c'est une pensée à laquelle nous nous associons de grand cœur ; mais le moyen de les faire prospérer, ce n'est pas

Charles Coquelin

d'éloigner d'elles la concurrence étrangère sur le marché français : c'est de les mettre à même de mieux soutenir cette concurrence sur les marchés du dehors ; c'est en même temps de faire augmenter la consommation à l'intérieur par la baisse des prix. Qu'on diminue donc en faveur de ces fabriques les droits sur les graines oléagineuses, sur les huiles, sur les graisses, sur les potasses et les soudes ; voilà ce qui leur donnera une activité nouvelle, et c'est ce que nous avons déjà pris soin de proposer. Ces réductions faites, que l'on convertisse hardiment la prohibition actuelle en un droit modéré de 15 ou 20 pour 100 au plus, et l'on peut être sûr que, nonobstant une certaine importation, qui aura lieu sans aucun doute, la fabrique française ne fera que s'étendre et grandir.

Quant à la raffinerie du sucre, elle se trouve dans une position toute spéciale. Cette industrie a eu en France des jours prospères, mais elle y a été sujette aussi à de cruels retours. C'est que son existence et sa prospérité ont toujours dépendu de la fixation légale des rendements. Comme les droits perçus à l'entrée sur les sucres bruts sont restitués à la sortie sur les sucres raffinés, il a fallu que l'autorité publique déterminât le rendement présumé des sucres bruts en raffinés. Or, cette détermination est nécessairement un peu arbitraire, d'autant mieux que le rendement effectif varie selon la méthode de travail que l'on adopte et selon la qualité des sucres employés. Elle est dans tous les cas fort incertaine, parce qu'elle n'est guère établie que sur des déclarations suspectes. Par le fait, elle a souvent varié. Or, selon que la fixation légale des rendements a été contraire ou favorable aux producteurs, selon que les fabricants ont obtenu en sucre raffiné plus ou moins que la loi ne supposait, on a vu leur industrie grandir à vue d'œil ou se précipiter rapidement vers sa ruine. Ce sont là des inconvénients inévitables dans une certaine mesure, et qui sont comme attachés à la position particulière des raffineurs. On pourrait toutefois les atténuer beaucoup en dégrevant les sucres coloniaux et étrangers, parce qu'alors le montant des droits, et par conséquent aussi le montant des primes, entrerait pour une part moins forte dans la valeur totale des produits. Quoi qu'il en soit, cette circonstance est tout-à-fait étrangère à la question de l'admission des raffinés étrangers ; elle n'a même de valeur que parce que nos propres fabricants exportent et ont besoin d'exporter une partie de leurs produits. Que la concurrence étrangère soit donc admise sur le marché français, ce n'est pas là ce qui changera beaucoup leur position ; au contraire, elle la rendra plus sûre et plus stable en permettant d'établir, par une comparaison incessante, une mesure plus régulière pour les restitutions de droits.

L'importation des raffinés étrangers étant admise en principe, resterait à fixer le chiffre des droits. En premier lieu, on percevrait sur ces sucres à la frontière un droit de consommation proportionné à celui qui frappe les sucres bruts, en prenant pour base du calcul l'échelle des rendements établie à l'intérieur par rapport aux raffinés français. À cela on ajouterait, comme mesure transitoire, un droit protecteur qui ne devrait s'élever dans aucun cas à plus de 8 ou 10 pour 100. Il y aurait dans un tel régime tout à la fois sécurité parfaite pour les établissements existants et une ouverture raisonnable à l'importation pour faciliter les recettes publiques.

En réduisant de même an taux de 8 et 10 pour 100 les droits sur les autres articles qui composent ce chapitre, on élèverait sans peine la recette totale, de 67,102 fr., chiffre de 1845, à 2,000,000.

Boissons. — Il n'y a pas moins à espérer sur les boissons, dont le produit ne s'est pourtant élevé, en 1845, qu'à 604,484 francs. Deux articles seuls, sur dix-neuf ou vingt qui composent le chapitre, ont procuré la plus grande partie de cette recette, et ce ne sont pas les plus importuns ; savoir : les vins de liqueur en futailles, 321,297 francs, et les eaux-de-vie de mélasse (rhum et tafia), 175,823 francs, ensemble près de 500,000 francs. Ajoutez-y 45,350 francs perçus sur l'importation des bières, et vous aurez la presque totalité de la recette obtenue sur l'ensemble du chapitre. Les vins ordinaires, article si important, n'y figurent que pour un chiffre insignifiant : 10,155 francs pour les vins en futailles, et 3,591 pour les vins en bouteilles. Pourquoi cela ? toujours par la même raison, parce que le droit est excessif : 15 francs l'hectolitre par terre et 35 francs par mer. Et si nous demandions pourquoi des droits si élevés sur un semblable article, particulièrement à l'importation par mer, on aurait sans doute quelque peine à nous répondre. Certes, la France est riche en vins de toute nature : elle l'est tellement, qu'elle pourrait en approvisionner l'Europe entière. Est-ce à dire pour cela qu'elle doive s'abstenir de la consommation des vins étrangers ? Loin de nuire à notre industrie vinicole, l'importation de ces vins lui serait plutôt favorable, ne fût-ce qu'en facilitant certains mélanges heureux. Nous voudrions donc que le droit fût réduit immédiatement à 5 francs l'hectolitre sur les vins ordinaires, par quelque voie qu'ils fussent importés, et à 20 francs au lieu de 100 sur les vins de liqueur. Bien entendu que ces chiffres ne comprennent pas les droits afférents à la régie des contributions indirectes. La prohibition qui frappe les eaux-de-vie de grains, autre mesure fâcheuse que rien n'explique, serait convertie en un droit de 20 francs l'hectolitre d'alcool pur. Ce tarif serait également applicable à toutes les autres sortes d'eaux-de-vie, sans distinction de provenances, et servirait de base pour l'établissement d'un droit proportionnel sur les bières, cidres, poirés, hydromels, vinaigres, etc. Les eaux minérales seraient entièrement affranchies. Très favorable à l'industrie et au public consommateur, un tel régime ménagerait au trésor public, sur l'importation des boissons, une recette au moins égale à 2,000,000 de fr.

Vitrifications. — Croirait-on que le chapitre des vitrifications, qui comprend plus de vingt articles, la plupart fort importants, comme les poteries, les porcelaines, les verres et cristaux, les miroirs, les bouteilles, etc., n'a procuré au trésor, en 1845, qu'une recette totale de 300,660 francs ? Il n'avait même donné que 241,840 francs en 1844. C'est que plusieurs de ces produits sont prohibés, et les autres frappés de droits excessifs. Les prohibitions, qui atteignent nominativement les poteries fines, ou en terre de pipe, et les bouteilles vides, s'appliquent, en outre, à toutes les sortes de verreries non spécialement dénommées, ce qui implique un nombre considérable d'articles divers. Sur les autres produits, les droits équivalent, ou peu s'en faut, à des prohibitions : sur la porcelaine commune, 164 francs les 100 kilogrammes, non compris le droit différentiel ; sur la porcelaine fine, 327 fr. Pour les miroirs, le droit nominatif n'est que de 15 pour 100 de la valeur, mais cette valeur est calculée d'après le tarif officiel de la manufacture de Saint-Gobain, qui la porte toujours fort au-dessus du prix réel de la marchandise, en sorte que ce droit nominatif de 15 pour 100 s'élève en réalité à 25 pour 100 et même au-delà [1]. En somme, tout ce tarif est outré. Les droits vont communément de 80 à 100 pour 100 de la valeur, rarement à moins de 50. Nous adopterions un maximum de 20 pour 100, mais en réduisant à 10 ou 15 pour 400 au plus les droits sur la poterie, et particulièrement sur la poterie commune. La recette s'élèverait alors au moins à 2,000,000 de francs.

Fils. — Le chapitre des fils est un des plus importants de cette section, et un de ceux qui peuvent donner ouverture aux plus fortes augmentations de revenu : il semblerait donc appeler un examen plus détaillé ; toutefois, comme nous avons déjà pris soin de traiter à fond cette question des fils, aussi bien que celle des tissus, il nous sera permis d'être bref.

Rien à changer au tarif, quant à présent, en ce qui concerne les fils de lin et de chanvre, au moins pour les fils simples et écrus, puisque les droits actuels ne vont pas au-delà de 25 pour 100 sur les fils anglais, de 12 à 13 pour 100 sur les fils belges. Il serait à souhaiter pourtant qu'on pût faire disparaître immédiatement ces distinctions abusives entre les fils de diverses provenances, et alors on pourrait adopter un taux moyen entre ces deux limites ; mais les traités sont là, il faut les respecter. La recette sur cet article, qui a été, en 1845, d'environ 5,100,000 francs, semblerait donc de voir se maintenir à ce niveau. On a vu cependant que cette recette tend à décroître par le seul effet du progrès de la filature nationale, et elle est effectivement tombée à 3,306,755 francs en 1846. Cette décroissance serait même encore plus prononcée sous le régime que nous proposons, puisque la filature indigène, obtenant dès-lors ses matières premières et ses instruments de travail à meilleur marché, soutiendrait avec plus d'avantage la concurrence étrangère, et limiterait plus strictement l'importation. C'est donc une source qui va tarissant de jour en jour. Toutefois elle pourrait être ravivée, au moins pour quelque temps, par une meilleure graduation de l'échelle du tarif. Si les fils simples écrus ne sont soumis qu'à des droits de 13 ou 25 pour 100, il n'en est pas de même pour les fils retors ou blanchis, et plus particulièrement encore pour les fils teints, auxquels on a appliqué une surtaxe hors de proportion avec le surcroît de valeur que ces préparations leur donnent. Aussi les importations de ces fils préparés sont-elles très faibles, et la recette presque insignifiante. En réglant tous ces droits sur de plus justes proportions, on rétablirait à peu près le chiffre actuel du revenu.

Pour les fils de coton, on a déjà vu qu'il n'y a que les numéros très élevés, au-dessus du 143 métrique, qui soient actuellement admis à l'importation [2]. Tous les autres, c'est-à-dire tous les fils les plus usuels, les plus courants, sont prohibés. Aussi la recette sur cet article ne peut-elle guère compter. En convertissant la prohibition en un droit de 20 à 25 pour 100, il résulte de ce que nous avons dit précédemment qu'on obtiendrait sur cet article une recette d'environ 3,500,000 francs.

Avec un droit pareil, qu'on pourrait même réduire sans hésiter à 20 ou à 18 pour 100, on n'obtiendrait guère sur les fils de laine plus de 2 millions, à cause de la supériorité relative de la filature indigène. C'est déjà 5,500,000 francs d'augmentation sur ce chapitre. Les autres fils, comme ceux de poil de chèvre, de *phormium tenax*, etc., pourraient donner environ 500,000 francs. Ainsi la recette totale sur les fils s'élèverait de 5,000,000 de fr., chiffre actuel, à 11,000,000 de fr.

Tissus. — Il y a mêmes observations à faire sur les tissus, qui ont produit au trésor, en 1845, 3,554,125 francs. Les droits sont à peu près convenables pour le moment présent, quoique peut-être un peu trop élevés, sur les toiles de lin ou de chanvre écrues ; ils sont trop élevés sur les toiles blanchies et excessifs sur les toiles teintes. Aussi ces derniers articles n'offrent-ils que des perceptions insignifiantes : ce sont les toiles écrues qui procurent la presque totalité de la recette. En graduant mieux tous ces droits, on raviverait cette source de revenu ; pourtant il ne faudrait pas espérer des résultats supérieurs à ceux de 1845, parce que, sous le nouveau régime, l'industrie indigène soutiendrait mieux qu'elle ne le fait la concurrence de l'étranger.

Sur les tissus de coton et de laine, en convertissant les prohibitions actuelles en droits de 20 à 25 pour 100 de la valeur, et en maintenant une juste proportion entre tous les genres de tissus, on obtiendrait au moins 4,000,000 de fr. Les tissus de poil, de crin et d'écorce, donneraient environ 200,000 francs ; les tissus de soie et de fleuret, 800,000, ce qui s'écarte peu du chiffre actuel, en sorte que, sur l'ensemble du chapitre des tissus, la recette totale s'élèverait, en chiffres ronds, à 8,500,000 francs.

Papier et ses applications. — Ce chapitre comprend un peu plus de 20 articles sous les dénominations suivantes : carton, papier, livres, gravures et lithographies, cartes géographiques, musique gravée, étiquettes imprimées, gravées ou coloriées, cartes à jouer. Deux de ces articles sont prohibés, les cartes à jouer et les contrefaçons de livres. A cela il n'y a rien à dire ; mais, sur tous les autres articles, les droits sont d'une exagération qui ne s'explique pas. Pour les diverses applications du papier, la France n'a guère à craindre la concurrence étrangère ; loin de là. En ce qui regarde les papiers peints, par exemple, elle est en mesure d'en vendre aux peuples étrangers, ce qu'elle fait d'ailleurs dans une assez large proportion ; et si elle n'en écoule pas davantage au dehors, c'est que notre système restrictif s'y oppose en limitant nos échanges avec l'étranger. Nulle raison par conséquent pour maintenir sur ces articles des droits si élevés. En ce qui concerne les livres, la concurrence étrangère est même à peu près nulle dans le sens commercial du mot. S'agit-il d'ouvrages français qui sont encore la propriété des auteurs, les réimpressions étrangères sont prohibées, et avec raison ; mais ce n'est pas en vertu du système protecteur ou restrictif, c'est à titre de contrefaçons, et en vertu d'un principe que ce système viole, le droit sacré de la propriété. S'agit-il d'ouvrages tombés dans le domaine public, les éditeurs français ont toujours sur les éditeurs étrangers le grand avantage du cachet national. Quant aux papiers blancs et aux cartons, sans que l'industrie française ait en cela la même supériorité que pour les papiers peints, elle n'est certainement pas inférieure à ce point de ne pouvoir se maintenir qu'à l'abri de droits équivalant à 50 et 100 pour 100 de la valeur. Pour les livres, en laissant en dehors ceux qui sont et qui doivent être prohibés, nous voudrions que le droit n'excédât pas 5 pour 100, et, pour les diverses sortes de papiers, 8 ou 10 pour 100. Avec un tel régime, la recette, qui n'a été, en 1845, que de 84,837 francs, s'élèverait pour le moins à 500,000.

Ouvrages et matières diverses. — Nous arrivons maintenant au dernier et au plus considérable des chapitres de cette section. On n'y trouve pas moins de 160 à 170 articles de genres très différents, et dont quelques-uns sont d'une importance très haute. En voici la nomenclature abrégée : peaux préparées, peaux ouvrées, pelleteries ouvrées, feutres, chapeaux, nattes ou tresses de paille, d'écorce et de sparte, vannerie, cordages, liège ouvré, iris de Florence ouvré, orfèvrerie, bijouterie, plaqués, horlogerie, monnaies, caractères d'imprimerie, machines et mécaniques, instruments d'optique, de calcul et d'observation, instruments de chimie et de chirurgie, instruments aratoires, outils, toiles métalliques, aiguilles à coudre, hameçons, plumes en métal, coutellerie, armes, munitions de guerre,

Charles Coquelin

ouvrages en métaux, ouvrages en caoutchouc, voitures, embarcations, agrès et apparaux de navires, tabletterie, bimbeloterie, mercerie, boutons, cheveux ouvrés ; ouvrages de modes, fleurs artificielles, parapluies et parasols, ouvrages en bois, meubles de toute sorte, instruments de musique, effets à usage, objets de collection.

A voir le nombre de ces articles et l'importance de plusieurs, ne semblerait-il pas que, sur l'ensemble du chapitre, le revenu devrait s'élever au moins à 10 ou 12 millions ? Au lieu de cela, nous voyons qu'il n'a pas excédé, en 1843, 4,733,120 francs, chiffre encore supérieur à celui de l'année 1844, qui n'avait été que de 3,966,858 francs. Pour comprendre cette exiguïté des résultats obtenus, il suffit de jeter les yeux sur le tarif. Les prohibitions absolues y sont en assez grand nombre, et, sur les produits qu'elles n'atteignent pas, les droits sont excessifs.

Sont prohibés : les peaux préparées non spécialement dénommées, les ouvrages en peau ou en cuir non dénommés, les plaqués, la coutellerie, les ouvrages en fonte, en fer, en tôle, en fer-blanc et en acier, les ouvrages en cuivre autres que ceux qui sont simplement tournés, les ouvrages en étain autres que la poterie ou en zinc et autres métaux non dénommés, les voitures suspendues garnies ou teintes, les bâtiments de mer, enfin les ouvrages en tabletterie autres que les billes de billard et les peignes. Voilà, certes, une liste assez étendue d'objets pour la plupart fort importants. Encore avons-nous omis dans cette énumération les armes de guerre, la poudre à tirer, les capsules de poudre fulminante et les projectiles. La coutellerie seule, si elle était admise à l'importation moyennant un droit convenable, pourrait former un article de recette assez productif ; et pourquoi est-elle prohibée ? On serait vraiment fort en peine de le dire. Cette prohibition s'explique d'autant moins que, sur un article de ce genre, la contrebande est très facile et qu'elle s'exerce activement. Donnez à la fabrique française le fer et l'acier à bon marché, et elle se trouvera à coup sûr, même sous l'action d'une concurrence ouverte de la part des étrangers, dans une situation plus favorable que sa situation actuelle. On peut en dire autant de tous les articles que nous venons d'énumérer. Il conviendrait donc de remplacer la prohibition qui les frappe par des droits qui n'excéderaient pas 20 pour 100 de la valeur. Moyennant cette réforme, ces seuls objets, sur lesquels la recette est nulle, procureraient au trésor pour le moins 2 millions de francs.

Combien d'autres articles dans cette longue série qui, sans être absolument prohibés, ne rapportent rien ou presque rien, tant les droits sont outrés ! Sans entrer à cet égard dans des détails qui nous entraîneraient trop loin et qui deviennent maintenant presque superflus, nous dirons qu'en cherchant pour chacun de ces articles la juste limite où le droit devient réellement productif pour le trésor public, tout en ménageant convenablement la transition par rapport à la fabrique indigène, on parviendrait sans peine à élever la recette, sur l'ensemble du chapitre, de 4,733,120 francs, chiffre de 1845, à 12,000,000.

Rassemblons maintenant les divers résultats que nous avons trouvés sur les dix chapitres dont la section des fabrications se compose, et mettons-les en regard des résultats obtenus, sous l'empire du tarif actuel, en 1845. Ils se présentent ainsi :

FABRICATIONS	Recettes en 1845	Recettes présumées sous le nouveau tarif
Produits chimiques	1,361,671 fr.	2,000,000 fr.
Teintures préparées	846,837	1,200,000
Couleurs	101,719	300,000
Compositions diverses	67,102	2,000,000
Boissons	604,484	2,000,000
Vitrifications	300,660	2,000,000
Fils	5,150,851	11,000,000
Tissus	3,554,125	8,500,000
Papier et ses applications	84,839	500,000
Ouvrages et matières diverses	4,733,120	12,000,000
TOTAUX	16,805,408 fr.	41,500,000 fr.
		16,805,408
	Augmentation	24,694,592 fr.

L'augmentation sur cette section est donc de 24,694,592 francs. Elle fait beaucoup plus que compenser le déficit que nous avons trouvé sur les trois sections précédentes, et qui n'était que de 17,853,883 francs. Il resterait même, en accroissement de recette pour le trésor, environ 6,800,000 francs. Si l'on ajoute à cette somme ce que l'état aurait à payer en moins à titre de restitutions de droits et les économies qu'il pourrait faire sur le service de la douane, en raison de la grande simplification du tarif et de l'amortissement de la contrebande, on trouvera que, dès à présent, le bénéfice obtenu ne serait pas à dédaigner. Il est vrai que cette recette de 41 millions, que nous avons trouvée sur les fabrications, ne serait pas durable. Après un ou deux ans au plus, elle tendrait à s'atténuer de jour en jour, parce que nos fabriques indigènes, favorisées par le bas prix des matières premières et bientôt exercées à la lutte, triompheraient facilement, après quelque temps d'épreuve, de la concurrence étrangère, et qu'en conséquence l'importation diminuerait. Pour nourrir cette importation et la maintenir à son premier niveau, il faudrait en venir bientôt, ainsi que nous l'avons déjà dit, à faire de nouvelles réductions graduelles sur les droits, et, de toutes les façons, les recettes du trésor s'affaibliraient ; mais il nous suffirait que ces recettes s'élevassent une fois au chiffre que nous avons posé, car, à mesure qu'elles s'affaibliraient dans la suite, on verrait s'ouvrir plus largement les véritables sources où le trésor doit puiser nous voulons parler de l'importation des denrées coloniales.

VIII.

DENRÉES COLONIALES OU EXOTIQUES

Quelque brillants que soient les résultats qui précèdent, nous l'avons déjà dit, et nous éprouvons le besoin de le répéter encore, quand on voudra que la douane devienne pour le trésor public une source de revenu aussi abondante qu'irréprochable, c'est aux produits exotiques qu'il faudra s'attacher. Sur tous les autres articles, le système fiscal est en défaut. S'agit-il des produits naturels dont le pays possède les similaires, les droits qui en frappent l'importation à la frontière ont le tort irrémédiable d'en faire hausser le prix à l'intérieur, de manière que la taxe perçue au profit de l'état s'aggrave de tout le poids de l'impôt prélevé au profit du monopole : système déplorable, désastreux, au terme duquel est l'appauvrissement du trésor public et la ruine du pays. S'agit-il des produits manufacturés, de quelque manière que l'on établisse l'échelle des droits, pourvu que l'industrie nationale soit mise en mesure de travailler aux mêmes conditions que l'industrie étrangère, le revenu public tend naturellement à décroître de jour en jour par la décroissance continue de l'importation. Dans le premier cas, les recettes obtenues par la douane coûtent trop cher au pays ; dans le second cas, elles échappent peu à peu, à moins que vous ne déprimiez la manufacture indigène, comme on le fait malheureusement en France, en élevant d'une manière artificielle le prix de toutes les matières premières qu'elle net en œuvre. Il faut donc toujours en revenir aux produits exotiques, comme formant l'unique source de revenus où la douane puisse puiser sans scrupule et qui ne faiblisse jamais.

Les produits qu'on peut regarder comme vraiment exotiques seraient en assez grand nombre, si on voulait comprendre dans cette catégorie toutes les marchandises dont le pays ne produit pas les similaires. Aux denrées dites coloniales, telles que sucres, café, cacao, thé, épices, on pourrait ajouter les cotons en laine, les diverses sortes de bois exotiques, un grand nombre de pelleteries, certaines matières tinctoriales, plusieurs sortes de fruits secs ou confits, etc. Nous omettrons néanmoins tous ces articles, les uns, parce qu'ils doivent être, ou fortement dégrevés, ou entièrement affranchis dans l'intérêt de nos manufactures ; les autres, parce qu'ils sont ou trop peu importants, ou déjà classés ailleurs. C'est donc aux seules denrées coloniales que nous allons nous attacher, en faisant remarquer seulement que les mêmes observations s'appliqueraient au besoin à plusieurs autres produits.

Que les recettes actuellement prélevées sur ces articles soient susceptibles d'un accroissement notable, c'est probablement ce que personne ne sera tenté de nous contester. Il s'agit de savoir seulement jusqu'où cet accroissement pourra s'étendre et par quels moyens on l'obtiendra. A voir ce qui se passe, il semble qu'il y ait bien de la témérité de notre part à prétendre que ces articles doivent former dans l'avenir l'unique base des recettes de la douane, et que

Charles Coquelin

ces recettes pourront néanmoins, si on le veut, s'élever à plus du double de celles que l'on obtient aujourd'hui sur tout l'ensemble du tarif. Rien de plus simple cependant si l'on considère, en s'éclairant de quelques exemples pris ailleurs, de quel prodigieux accroissement la consommation des denrées coloniales est susceptible. Malheureusement on récuse ces exemples. On adopte comme base de calcul la consommation ordinaire de la France, oubliant que cette consommation y a été jusqu'à présent forcément limitée par la loi.

Parlons d'abord du sucre, la plus importante des marchandises qui nous occupent. Sur cet article, la recette n'a été, en 1845, que de 51,300,000 francs, d'où il faudrait déduire encore plus de 13 millions payés à titre de restitutions de droits. C'est bien peu, et il y a certainement loin de là au chiffre que nous prétendons atteindre ; mais aussi que n'a-t-on pas fait en France pour arrêter la consommation de cette substance dans son essor ! Sans parler des lois violentes de l'empire, qui repoussaient d'une manière presque absolue tous les arrivages du dehors, les lois qui datent de la restauration nous ont placés à cet égard dans une triste et cruelle impasse, en nous forçant à nous contenter des provenances de trois ou quatre colonies chétives tout-à-fait incapables de suffire à l'approvisionnement d'un grand pays. Sans cela, nul doute que la consommation du sucre ne fût dès à présent trois ou quatre fois plus forte. Si l'on veut s'en convaincre, on n'a qu'à considérer ce qui se passe en Angleterre, où pourtant cette consommation n'a pas laissé d'être aussi, dans une certaine mesure, contrariée et limitée par les lois.

Nous savons tout ce qu'on peut nous objecter sur le choix de cet exemple. L'Angleterre, dit-on, n'a pas les mêmes habitudes que la France ; l'usage des boissons chaudes, qui provoquent l'emploi du sucre, y est beaucoup plus répandu. Comme si le sucre manquait d'emploi en France, comme s'il n'y avait que les boissons chaudes où cette substance pût utilement entrer ! Et qu'est-ce qui empêche d'ailleurs que l'usage de ces boissons, du café, du chocolat, du thé même, ne se propage dans notre pays autant qu'ailleurs ? Rien, si ce n'est l'exagération de nos tarifs. Loin d'admettre que la consommation actuelle du sucre en Angleterre soit un fait exceptionnel, et qu'il ne soit pas donné à la France de l'égaler, nous pensons, au contraire, qu'il ne nous serait pas difficile de la surpasser de bien loin. Il ne s'agirait pour cela que de substituer une législation rationnelle à la législation extravagante et ridicule que nous avons maintenue jusqu'à présent.

L'Angleterre et la France ont eu longtemps, en ce qui concerne les sucres, des régimes de douanes tellement semblables, qu'ils paraissent avoir été calqués l'un sur l'autre. Tout en frappant les sucres de leurs colonies de taxes excessives, les deux pays ont repoussé également, par des surtaxes prohibitives, les sucres étrangers. Ils se sont donc réduits l'un et l'autre à l'approvisionnement de leurs colonies, faute grave dont ils ressentent encore les effets. Seulement les situations n'étaient pas les mêmes, et des législations semblables y ont produit des résultats fort différents. Tandis que la France s'est trouvée, depuis 1815, en face de quelques pauvres petites colonies, points perdus dans l'espace, dont la production est naturellement très bornée, l'Angleterre a eu devant elle des colonies nombreuses, puissantes par leur nombre, leur étendue et leur richesse, et dont la production a même été pendant longtemps supérieure à ses besoins. Comment s'étonner, après cela, que la consommation de la France soit demeurée jusqu'à présent si fort au-dessous de celle de l'Angleterre ? Est-il besoin, pour rendre compte d'un fait si simple, de s'appesantir sur les habitudes des deux pays ? L'exclusion des sucres étrangers n'a pas laissé pour cela d'entraîner, par rapport à l'Angleterre même, des conséquences fâcheuses, surtout depuis l'émancipation des nègres ; mais ce qui était pour ce pays une faute, est devenu pour la France, dans la situation où elle se trouvait après la perte de Saint-Domingue, une véritable énormité.

Avant d'exposer les résultats de notre législation actuelle et les complications qu'elle a produites, comparons les deux régimes, anglais et français, terme à terme, en remontant, pour ce qui regarde l'Angleterre, à une époque antérieure aux réformes effectuées par sir Robert Peel et par lord John Russell, par exemple, à l'année 1840.

Les sucres des colonies étaient alors imposés en Angleterre à raison de 1 livre 4 shellings le quintal anglais, soit environ 60 francs les 100 kilogrammes, droits énormes, mais bien faibles encore en comparaison de ceux qui frappaient les sucres étrangers, et qui ne s'élevaient pas à moins de 3 livres 3 shellings le quintal anglais, ou environ 158 fr. les 100 kilogrammes. A ces conditions, on comprend que les sucres étrangers n'entraient pas dans la consommation du pays. En France, où la législation n'a été modifiée, depuis longues années, que dans la forme, le droit varie, pour les sucres des colonies, selon les qualités et les provenances, de 42 fr. 35 cent., décime compris, à 55 fr. les 100 kilogrammes. Le droit le plus ordinairement perçu est celui de 49 fr. 50 cent., applicable aux sucres du type inférieur importés de nos colonies d'Amérique. Pour les sucres étrangers, le moindre droit, applicable aux provenances de l'Inde, est de 66 fr. les 100 kilogrammes ; le plus élevé, non compris les droits différentiels, est de 104 fr. 50 c., applicable aux provenances des entrepôts. La moyenne du droit perçu sur les sucres étrangers a été, en 1845, d'environ 71 fr. les 100 kilogrammes.

Au premier abord, la loi française paraît ici moins rigoureuse que ne l'était la loi anglaise à l'époque à laquelle nous nous rapportons. Il ne faut pourtant pas s'y tromper. En ce qui concerne les sucres des colonies, la différence n'est pas grande. Quoique le droit de 49 fr. 50 c. soit le plus ordinairement perçu en France, ce n'est pas celui qu'il faut prendre pour terme de comparaison. L'Angleterre, ayant établi depuis longtemps sur les sucres un droit uniforme, sans distinction des qualités, a forcé les producteurs à perfectionner leur travail, à purifier leurs produits, de manière à n'obtenir et à n'expédier que des qualités supérieures ; aussi n'en reçoit-elle pas d'autres. La France, au contraire, par les distinctions qu'elle a établies, a favorisé la production et l'envoi des qualités basses. C'est un inconvénient de plus dans son régime, car ces sucres mal épurés perdent beaucoup dans le voyage, et la mélasse qui coule sans cesse des barriques infecte en mer la cale des bâtiments, et en France même les magasins de dépôt. Quoi qu'il en soit, ce n'est pas le droit de 49 fr. 50 cent. les 100 kilogrammes, mais celui de 55 fr. qu'il faut comparer au droit anglais. La différence n'est donc en réalité que de 5 fr.

En ce qui concerne les sucres étrangers, ces deux législations sont à peu près également prohibitives, et la preuve en est dans les résultats. Jusqu'au temps de l'émancipation des nègres dans les colonies anglaises, il n'était pas entré en Angleterre, pour la consommation, un seul atome de sucre étranger. A cette époque seulement, la production des colonies des Indes occidentales ayant décru tout à coup dans une très forte proportion, et cette production ne suffisant plus aux besoins ordinaires de la métropole, on vit paraître sur les marchés de la Grande-Bretagne quelques faibles parties de sucres étrangers ; mais c'étaient des envois exceptionnels, qui ne pouvaient pas avoir de suite. Par une raison semblable, les sucres étrangers n'entrent pas dans la consommation de la France, car, s'il en paraît une certaine quantité sur nos marchés, ils n'y viennent que pour être raffinés et réexportés avec prime, la prime étant proportionnée, dans ce cas, à l'importance du droit perçu [3].

Ainsi, des deux côtés, tout en grevant de fortes taxes les sucres venant des colonies, on a repoussé d'une manière presque absolue les provenances étrangères. En ce sens, les situations sont pareilles, ou du moins elles l'étaient avant les dernières réformes adoptées en Angleterre ; mais, à d'autres égards, quelles différences !

Avant l'émancipation des nègres dans les colonies anglaises des Indes occidentales, en 1831, 32 et 33, la moyenne annuelle de la production de ces colonies en sucre était de 192 millions de kilogrammes [4], sans compter ce que fournissaient dès cette époque les colonies des Indes orientales et l'île Maurice. La consommation de la Grande-Bretagne avait donc pu s'accroître assez librement jusqu'à cette limite, et, en effet, elle n'élevait, avant l'émancipation, à plus de 200 millions de kilogrammes. Ajoutons que la production des colonies anglaises était en quelque sorte indéfinie, et qu'il n'eût tenu qu'à la métropole de la développer davantage, au moyen d'un tarif plus modéré. Pour la France, au contraire, les envois des colonies, depuis 1815, n'ont jamais pu s'élever à plus de 90 millions de kilogrammes. La moyenne des six années antérieures à 1845 n'est pas même de 85 millions ; encore, pour atteindre ce chiffre, relativement si faible, nos colonies ont-elles dû forcer leur production, chasser toutes les plantes qu'elles cultivaient autrefois avec succès, pour y substituer partout la canne, consacrer à cette culture unique les terres qui y conviennent le moins, épuiser enfin leur sol, autrefois si riche, par le retour continuel des mêmes récoltes. Placées dans des situations si différentes, il n'est pas du tout surprenant que la France et l'Angleterre ne soient pas arrivées à une consommation égale. On peut dire avec assez de justesse que chacun des deux pays a récolté ce qu'il avait semé.

Veut-on une preuve bien frappante de l'insuffisance de la production de nos colonies et du besoin très réel qui se faisait sentir en France d'une consommation plus forte, on la trouvera dans le seul fait de l'existence de la fabrication du sucre indigène et de l'accroissement continu de cette fabrication, malgré la progression croissante de l'impôt. De ce fait, il n'y a qu'une seule conclusion légitime à tirer, bien que ce soit peut-être la dernière à laquelle on s'arrête : c'est que la France éprouvait un besoin impérieux, invincible, d'un supplément en sucre, et qu'il le lui fallait à tout prix. La loi s'opposant à ce qu'elle le tirât librement des pays où il abonde, elle s'est vue réduite à le fabriquer elle-même.

Cette dernière réflexion nous amène à considérer un instant les complications graves que la législation actuelle a engendrées.

Avec les colonies chétives que nous possédons, exclure par des surtaxes prohibitives les sucres étrangers, c'était borner la consommation de la France d'une manière trop absolue, trop rigoureuse, pour qu'un tel état de choses pût se maintenir longtemps. C'était placer le pays dans une impasse d'où il devait naturellement chercher à sortir par quelque voie. Il devait arriver de deux choses l'une : ou que le prix du sucre colonial s'élevât assez haut pour provoquer l'importation du sucre étranger, malgré l'exagération de la surtaxe, c'est-à-dire qu'il s'élevât de 20 à 25 francs les 100 kilogrammes au-dessus de son taux normal, ou qu'on trouvât dans le pays un produit similaire exempt de l'aggravation des droits. La première hypothèse s'est réalisée durant un certain temps, avant que le sucre indigène eût apparu sur nos marchés. Les sucres des colonies se vendaient alors à des prix de monopole, surélevés de tout le montant de la surtaxe, en sorte que les sucres de provenance étrangère venaient, grâce à ce renchérissement artificiel, prendre une certaine place sur nos marchés. On comprend bien toutefois qu'à ces conditions la consommation ne pouvait guère s'étendre. C'était une situation violente, forcée, qui appelait à grands cris une solution. C'est alors que la fabrication du sucre indigène est intervenue pour donner cette solution nécessaire.

Il s'en faut bien cependant qu'elle l'ait donnée d'une manière satisfaisante et complète. S'il est incontestable que la fabrication indigène est venue en aide aux consommateurs, auxquels des lois trop rigoureuses refusaient la satisfaction légitime de leurs besoins, à d'autres égards elle n'a fait que mettre un plus grand nombre d'intérêts en lutte. Depuis qu'elle existe, des réclamations pressantes se sont fait entendre de toutes parts : le gouvernement et les chambres en ont été constamment assiégés. Nos colonies, nos villes maritimes n'ont pas cessé, malgré les satisfactions apparentes qu'elles ont reçues, de se plaindre du dommage qu'elles éprouvaient, et d'annoncer hautement la ruine future de leur commerce. Qu'y a-t-il de fondé dans ces plaintes ? C'est ce qu'il faut examiner.

Il y a deux époques à considérer. La première est celle où le sucre indigène était exempt ou à peu près exempt de droits ; la seconde est l'époque actuelle, où entre les sucres coloniaux et les sucres indigènes les conditions sont égales, au moins au regard de la loi, mais où les uns et les autres sont encore favorisés par une forte surtaxe imposée sur les sucres étrangers. Dans la première période, heureusement finie, l'exemption particulière dont jouissait le sacre indigène était un abus révoltant, qui allait même jusqu'au scandale. Pour les colonies, c'était une injustice flagrante ; pour le fisc, un principe de ruine ; pour les consommateurs, une déception. C'était un monopole enté sur un autre monopole, une excroissance monstrueuse du régime protecteur. Dans la seconde période, les choses changent de face. L'égalité étant établie entre les deux sucres, autant du moins qu'il était permis au législateur de l'établir, une satisfaction plus ou moins complète a été donnée aux divers intérêts engagés dans la question. Examinons les nouvelles positions que ce régime a créées.

Pour les consommateurs et pour le fisc, l'intervention du sucre indigène, avec ses conditions actuelles d'exploitation, est un bienfait incontestable, bienfait relatif, mais très réel. C'est une amélioration évidente par rapport à l'ancien état de choses, où les sucres des colonies jouissaient d'un privilège exclusif sur le marché français. Seule, en effet, cette fabrication a pu étendre en France la consommation du sucre, à laquelle, vu l'exiguïté de nos colonies, le tarif actuel avait posé des bornes infranchissables. Seule aussi elle a pu, en l'absence de la concurrence étrangère, ramener les prix des sucres dans des limites raisonnables, limites qui avaient été grandement franchies avant son apparition, et qui le seraient de nouveau, si elle disparaissait. Abaissement des prix, extension de la consommation, telles ont été pour le public les conséquences directes de cet événement. Qui oserait nier les avantages qu'il en a recueillis ? Les mêmes droits étant d'ailleurs perçus sur les deux sucres, le trésor a profité autant que le public de l'accroissement de la consommation, puisque la base de l'impôt s'est élargie dans la mesure exacte de cet accroissement.

En ce qui regarde les colonies, la question est plus complexe. Si elles n'ont plus les mêmes sujets de plaintes qu'autrefois, il s'en faut pourtant qu'elles aient lieu d'être satisfaites. Elles peuvent d'abord prétendre, et avec assez de raison, que l'égalité entre leurs produits et ceux de la fabrique indigène est plus apparente que réelle. Dans la position où les fabricants métropolitains se trouvent, ils peuvent aisément soustraire une partie de leur production à l'impôt, et il est trop certain qu'ils n'y manquent pas. Vainement a-t-on multiplié les précautions législatives contre la fraude, ces précautions seront inutiles tant que l'impôt ne sera pas réduit. Ajoutez à cela que les fabricants indigènes peuvent raffiner leurs sucres, avantage dont les colons sont actuellement privés par la loi. D'un autre côté, la population de nos colonies n'a-t-elle pas quelque droit de nous dire : Un pacte avait été conclu entre la métropole et nous ; vous vous étiez réservé un privilège exclusif sur le marché des colonies, et vous nous aviez accordé en retour un privilège semblable sur le marché de la France ; le privilège de la métropole subsiste, qu'est devenu le nôtre ? Ce raisonnement n'est certainement pas très concluant quand on le fait valoir en faveur d'un retour vers l'ancien état des choses, car les privilèges respectifs que l'on invoque n'étaient pas exercés à beaucoup près dans les mêmes conditions ; mais il nous paraît irrésistible quand on le fait valoir en faveur d'une émancipation réciproque. Cette émancipation commerciale est aujourd'hui la seule solution vers laquelle nos colonies doivent tendre. Toute autre perspective serait pour elles trompeuse et vaine.

Si nous considérons la question au point de vue de la marine marchande, il n'est pas exact de dire, comme on le fait souvent, que jusqu'ici la fabrication du sucre indigène ait diminué beaucoup les ressources de la marine. Les sucres des colonies ont-ils cessé de venir sur nos marchés ? Non ; ils y viennent toujours comme autrefois et en quantités pareilles. Dira-t-on qu'ils y viendraient en plus grande abondance, si les sucres de betterave ne leur disputaient pas le marché ? Il faudrait oublier pour cela que la production coloniale est parvenue, à peu de chose près, à ses dernières limites. S'il est vrai qu'elle soit susceptible de s'étendre encore, ce n'est du moins que dans une bien faible mesure, et le consommateur de la métropole paierait chèrement les frais de cette extension. Tout ce qu'on peut raisonnablement prétendre, c'est que la fabrication indigène a achevé d'annuler en France la consommation des sucres étrangers, consommation bien faible d'ailleurs, et qui, sous le régime actuel, n'aurait jamais pu s'étendre bien loin. Ne disons dune pas que dans tout cela notre marine marchande ait beaucoup perdu de ses avantages passés. Ce qui est malheureusement trop vrai, c'est que l'extension rapide de la fabrication indigène altère d'avance ses ressources futures. Elle hypothèque son avenir. Le sucre pourrait devenir et deviendrait certainement, sous un régime plus libéral, un des principaux aliments de nos transports maritimes. C'est là peut-être le meilleur ou le plus sûr espoir de notre marine marchande, et c'est cet espoir que la fabrication du sucre indigène lui dérobe en grandissant. Que tous les hommes intéressés au développement du commerce maritime, et l'état même, plus intéressé que personne, considèrent avec effroi les progrès de cette industrie, on le comprend : ils ont raison de s'en alarmer en vue de l'avenir ; mais il est évident qu'ils se trompent quand ils prétendent conjurer le mal par un retour vers le passé.

Inutile maintenant de s'appesantir sur les divers plans qui ont été proposés pour résoudre les difficultés présentes. Les uns demandent qu'on supprime, moyennant indemnité, la fabrication du sucre indigène ; les autres, qu'on opère une large réduction des droits, mais seulement en faveur des deux produits nationaux, et sans toucher à la surtaxe qui frappe les sucres étrangers. La première de ces propositions n'est guère qu'une réminiscence ; son moindre tort est de n'avoir aujourd'hui aucune chance possible de succès. Elle a pu s'expliquer autrefois, à une époque où le sucre indigène était encore exempt de droits, et où l'on supposait assez généralement qu'il ne supporterait pas sans périr l'application de la taxe ; mais, dans les circonstances présentes, elle n'aurait plus même de prétexte : aussi nous paraît-elle désormais hors de question. Quant à la mesure qui consisterait à diminuer seulement les droits sur les sucres coloniaux et indigènes, quelque séduisante qu'elle paraisse au premier abord, elle ne ferait qu'aggraver le mal dont on se plaint et serait funeste à tous les intérêts qu'on aurait prétendu servir. Il est d'abord certain qu'elle appauvrirait le fisc, car, la production de nos colonies étant arrivée à peu de chose près à ses dernières limites, l'importation n'augmenterait pas en raison de l'abaissement du droit : il y aurait donc ici une perte sèche pour le trésor [5]. Par la même raison, la marine n'en tirerait aucun avantage, et d'un autre côté, le consommateur profiterait peu de la diminution de la taxe, parce que l'approvisionnement n'étant pas, dans cette hypothèse, susceptible d'un accroissement immédiat, les prix s'élèveraient en raison de l'accroissement de la demande. Tels seraient les effets immédiats de la mesure. Tout le bénéfice en serait donc pour les producteurs actuels, les fabricants de sucre de betterave et les colons ; hais pour les uns et les autres l'avantage ne serait que momentané, car la fabrique indigène, surexcitée par la grandeur des bénéfices, augmenterait sa production avec plus de rapidité encore qu'elle ne l'a fait dans le passé. On se retrouverait donc bientôt en face de toutes les difficultés présentes, encore aggravées par l'extension nouvelle que la fabrique de betterave aurait reçue.

Il faut bien se persuader que la fabrique indigène continuera à grandir et à s'étendre tant qu'on n'aura pas admis à conditions égales la concurrence des sucres étrangers. Le progrès de cette industrie, que bien des gens admirent, dont beaucoup d'autres s'effraient, non sans raison, et dont tout le monde s'étonne, est au fond une chose simple et naturelle. C'est à la fois le symptôme et la conséquence d'un besoin public que nos colonies sont hors d'état de satisfaire. On a refusé à ce besoin public la satisfaction naturelle et légitime qu'il devait trouver dans l'importation des sucres étrangers ; il en a cherché une autre, moins naturelle, il est vrai, mais nécessaire, dans un produit similaire du pays. Vainement a-t-on pensé que le sucre de betterave disparaîtrait ou que la production s'en restreindrait après l'établissement de l'impôt : il devait vivre, il devait même grandir, parce que, dans l'état présent des choses, son existence est une nécessité. Comment n'a-t-on pas vu, d'ailleurs, que la fabrique indigène, n'ayant en face d'elle qu'une industrie fort circonscrite dans ses moyens de production, devenait, par cela seul, la véritable régulatrice du marché ? Qu'importait dèslors qu'on l'eût assujettie à la taxe ? Si elle n'avait pas réussi à diminuer ses frais de production à mesure que le chiffre de l'impôt grossissait, elle aurait tout simplement élevé son prix vénal. Il est donc clair qu'en dépit de l'impôt cette industrie devait continuer à s'étendre, et qu'elle s'étendra toujours tant que le régime actuel subsistera. Une seule chose peut l'arrêter dans sa marche progressive, c'est la libre admission des sucres étrangers. Or, s'il est vrai, comme nous le pensons, que l'extension indéfinie de cette industrie ruine d'avance le meilleur espoir de notre marine marchande ; s'il est vrai qu'elle tende à propager dans le pays, aux dépens de la morale et du trésor public, les funestes habitudes de la fraude ; s'il est vrai enfin qu'elle puisse même à la longue compromettre l'alimentation publique, en dérobant à la culture des céréales une trop grande partie de la surface du sol, on comprendra qu'il est plus que temps de mettre un terme à ses envahissements. Sans demander qu'elle périsse, ni même qu'elle décline, aujourd'hui que de grands capitaux y sont engagés, on doit exiger du moins qu'elle s'arrête dans sa marche progressive. Voilà pourquoi la libre admission des sucres étrangers, par l'abolition des surtaxes, est aujourd'hui, nous le répétons, une mesure nécessaire impérieusement commandée par la situation. C'est l'unique solution possible du problème épineux dont toutes nos villes maritimes se préoccupent. Cette solution, il n'est pas douteux que la force des choses ne l'amène quelque jour en dépit de tous les obstacles ; mais on doit souhaiter, dans l'intérêt de la marine, des colons et même des fabricants indigènes, dans l'intérêt de tout le monde enfin, qu'elle n'arrive pas trop tard.

Quoi qu'il en soit, l'existence et les progrès de cette fabrication indigène attestent d'une manière bien frappante le besoin réel de sucre qui existait en France. Si la consommation de cette substance ne s'y est pas répandue autant qu'en Angleterre, ce n'est donc pas parce que les habitudes des deux pays étaient différentes ; c'est uniquement parce que le régime français y mettait un obstacle dirimant, obstacle que la fabrication indigène n'a d'ailleurs levé qu'en partie. Faites que le sucre des tropiques arrive en abondance et à bas prix dans nos ports, et vous serez étonné de la facilité merveilleuse avec laquelle la consommation s'en étendra. On peut en juger par ce qui est arrivé en Angleterre depuis la réforme du tarif, en 1846. La surtaxe applicable aux sucres étrangers, bien que notablement réduite, n'a pas été supprimée, loin de là, puisqu'elle s'élève encore, sous l'empire de la loi nouvelle, à plus de 15 francs les 100 kilogrammes. Voyez pourtant quels ont été les résultats de cette réforme incomplète. La consommation totale de l'Angleterre, sucres coloniaux et sucres étrangers compris, s'est élevée d'une année à l'autre, pour les six premiers mois seulement, de 2,425,637 quintaux en 1846 à 2,944,643 quintaux en 1847, ce qui présente, pour la moitié d'une année seulement, une augmentation de 25,900,000 kilogrammes. Ajoutons qu'il a été mis en consommation, dans ce même intervalle de temps, 989,000 kilogrammes de sucre raffiné, tandis que, pour la période correspondante de l'année précédente, la mise en consommation n'avait été que de 27,750 kilogrammes. On voit avec quelle merveilleuse rapidité l'accroissement de la consommation a répondu à l'abaissement de la surtaxe. Et, pourtant la loi anglaise est demeurée encore jusqu'à présent fort exclusive [6] : que n'aurait-on pas vu, si elle avait établi immédiatement un véritable régime d'égalité !

La consommation annuelle de l'Angleterre, tant en sucre colonial qu'en sucre étranger, s'élève aujourd'hui à plus de 300 millions de kilogrammes. C'est plus que le double de la consommation de la France, laquelle, déduction faite des réexportations, ne va pas à plus de 140 millions de kilogrammes, y compris le sucre indigène ; mais c'est encore bien peu, relativement à ce qu'il serait possible d'obtenir sous un régime de droits égaux et modérés. Il ne serait pas difficile, pour la France, d'arriver promptement à des résultats fort supérieurs ; mais, si elle veut en cela égaler ou surpasser l'Angleterre, il faut qu'elle aille dès l'abord beaucoup plus loin dans la voie des réductions à l'égard des sucres étrangers, car sa position le commande. Que l'on compare donc les immenses ressources des colonies anglaises avec la faible production des nôtres. La mise en consommation du sucre colonial, en Angleterre, a été, pour les premiers mois de 1847, de 116 millions de kilogrammes, on 232 millions pour l'année entière ; l'importation a même excédé de beaucoup la mise en consommation, et ne paraît pas devoir rester au-dessous de 285 millions. C'est plus que trois fois la production des colonies françaises, qui ne s'élève pas, en moyenne, à plus de 85 ou 90 millions par an. Si, malgré ces grandes ressources de ses colonies, l'Angleterre a sagement fait d'admettre les sucres étrangers, à plus forte raison devons-nous nous empresser de leur ouvrir toutes nos portes. Nous ne les ouvrirons jamais trop grandes.

Tout ce que nous venons de dire du sucre s'applique avec la même force aux autres denrées coloniales. La consommation du thé, du café, du cacao, est encore bien faible en France. Croirait-on que, dans un pays tel que le nôtre, il ne se consomme en café que 15 millions de kilogrammes par an ? Il devrait s'en consommer au moins quatre fois davantage, car, si le goût du thé ne paraît pas aussi général en France qu'en Angleterre, en revanche le goût du café y est beaucoup plus répandu. C'est bien pis pour le cacao, dont nous n'avons consommé, en 1845, que 1,859,000 kilogrammes. Qui osera dire pourtant que l'usage du chocolat aurait de la peine à se propager dans notre pays ? Pour le thé, il n'en faut point parler. La consommation n'en a pas excédé, en 1845, 149,473 kilogrammes. Ce n'est pas le cent cinquantième de la consommation anglaise, qui s'est élevée, en 1846, à plus de 23 millions de kilogrammes. Encore trouve-t-on cette consommation faible en Angleterre, où l'on propose déjà des mesures propres à la doubler. Pour toutes les autres denrées tropicales, cannelle, poivre, piment, gingembre, clous de girofle, etc., nous trouvons des résultats à peu de chose près pareils. Et pour tous ces produits c'est la même cause qui restreint la consommation ; c'est l'exagération des droits en général, et, de plus, l'exagération des surtaxes, qui ont pour objet de réserver à nos faibles colonies un monopole abusif, qu'elles sont même incapables d'exploiter ; c'est le désir immodéré, puéril, s'il faut le dire, de tirer de nos seules possessions des produits qu'elles n'ont pas ou dont elles n'ont que des quantités insignifiantes à nous offrir.

Si l'on veut voir jusqu'à quel point l'abaissement des droits, ou, plus généralement, l'abaissement des prix, peut influer sur la consommation de ces denrées, il faut consulter de nouveau l'expérience de l'Angleterre. Nous aimerions mieux prendre nos exemples en France ; mais la France n'a malheureusement fait aucune expérience à cet égard. Le tarif actuel y a subsisté à peu près sans altération depuis 1816.

Voici d'abord un tableau qui montre comment et dans quelle mesure l'accroissement de la consommation du café, depuis le commencement du siècle, a répondu à l'abaissement du droit.

Charles Coquelin

CONSOMMATION DU CAFÉ.

Années	Droit. La livre pesant.	Quantités consommées	Consommation moyenne par tête [7]
1801	4 sh. 6 den.	750,861 liv.	0 liv. 1.99 onces.
1811	0,7	6,390,122	0 liv. 8.12
1821	1,0	7,327,263	0 liv. 8.01
1831	0,6	21,842,264	1 liv. 5.49
1841	0,6	27,298,322	1 liv. 7.55
1842	0,4	28,519,646	1 liv. 8
1843	0,4	29,979,404	1 liv. 9
1844	0,4	31,352,882	1 liv. 10
1845	0,4	34,318,095	1 liv. 12
1846	0,4	36,781,391	liv.1 13 1/4

L'influence des réductions successives de la taxe est tellement apparente dans ce tableau, qu'il serait superflu de la faire ressortir.

On trouve des résultats pour le moins aussi frappant en ce qui concerne le cacao. Voici un tableau qui indique les réductions de droits effectuées depuis 1820 et les progrès de la consommation qui en ont été la conséquence.

CONSOMMATION DU CACAO.

Années	Droit. La livre pesant.	Quantités consommées
1820	1 sh. 0 den.	276,321 liv.
1825	0,6	247,251
1830	0,6	425,382
1832	0,2	1,150,193
1844	0,2	2,590,528
1846	0,2	2,962,327

On voit que, depuis 1820 jusqu'en 1825, la consommation du cacao, alors insignifiante, avait plutôt diminué qu'augmenté. Plus tard, sous l'influence de deux réductions successives du droit, elle s'élève rapidement, au point qu'elle est plus que décuplée dans un espace de vingt et un ans. Quelque énorme que soit cet accroissement, ce n'est pas encore peut-être la circonstance la plus saillante de ce tableau. Ce qu'il faut remarquer surtout, c'est qu'avant 1825 la consommation du cacao était presque nulle en Angleterre, en sorte qu'on aurait pu dire alors de cette denrée ce qu'on dit en France par rapport au thé, qu'elle n'entrait pas dans les habitudes du pays. Voilà pourtant que, sous l'empire de droits plus modérés, bien que trop élevés encore, cette consommation se développe tout à coup au point d'égaler déjà, à peu de chose près, celle de la France, où l'usage du chocolat était répandu d'ancienne date. Elle ne tardera pas à la surpasser, car elle est progressive, tandis qu'en France elle est stationnaire depuis longtemps [8].

En ce qui concerne le thé, il est difficile de comparer la quotité du droit à diverses époques, parce qu'il n'a pas toujours été établi sur les mêmes bases. Jusqu'en 1831, c'était un droit *ad valorem*, qui avait été de 20 à 50 pour 100 en 1801, et qu'on avait élevé, en 1811, à 96 p. 100. Plus tard, le droit *ad valorem* fut converti en un droit fixe de 2 sh. 1 d. et 2 sh. 2 1/4 den. la livre. En somme pourtant, on peut dire que, depuis 30 ou 40 ans, le droit sur le thé a été plutôt exhaussé que réduit ; mais d'autres circonstances ont compensé largement l'effet de ces aggravations du tarif. Autrefois le thé était monopolisé par la compagnie des Indes orientales, qui le vendait sur le marché de la métropole à très haut prix. Sous l'empire de ce régime, la consommation était demeurée à peu près stationnaire depuis 1801 jusqu'en 1820, n'excédant guère le chiffre de 20,000,000 liv. Après la suppression du monopole et l'introduction du commerce libre, les prix baissèrent d'une manière notable, et la consommation s'accrut rapidement.

Voici quelle a été cette consommation à trois époques différentes. On trouvera en regard l'indication des prix moyens.

Années	Prix moyen la livre de thé	Quantités consommées
1814-15	3 sh. 8 den.	19,224,154 liv
1831-32	2 sh. 2 den. 1/4	31,548,409
1846	1 sh. 4 den.	46,728,208

Bien que dérivant de causes étrangères à la fixation du droit, l'abaissement des prix a toujours produit les mêmes effets, et cet exemple n'en vient pas moins confirmer les autres. C'est donc une vérité constante par rapport à toutes ces denrées, que, pour en étendre la consommation, il suffit d'arriver par un moyen quelconque à en modérer les prix. En tout cela, les habitudes d'un pays sont peu de chose ; pour mieux dire, ces habitudes changent sous des régimes différents. Pourquoi l'usage du chocolat est-il si répandu en Espagne ? Uniquement parce que l'Espagne a longtemps possédé les pays producteurs de cacao. Si l'usage du thé est plus général en Angleterre qu'en France, on peut dire de même que c'est parce que l'Angleterre a depuis longtemps des relations plus directes et plus fréquentes avec les pays producteurs de thé ; et ce qui le prouve, c'est qu'il se consomme, toute proportion gardée, encore plus de cette substance dans la Russie, qui a l'avantage de communiquer assez facilement par terre avec la Chine.

Qu'y a-t-il donc à faire en France pour propager l'usage de ces substances, au grand avantage des consommateurs et du fisc ? Deux choses qui tendent exactement à la même fin ; d'abord, ramener les droits dans des limites raisonnables, en les égalisant, puis augmenter les facilités du commerce, afin que l'aggravation des frais de transport ne vienne pas neutraliser l'effet de ces modérations du tarif. Nous sommes aujourd'hui si loin de la juste mesure, par rapport à toutes les denrées coloniales qu'il y a beaucoup à faire pour nous y ramener.

IX

Il y a deux partis à prendre : ou supprimer immédiatement, et d'une manière absolue, toute distinction entre les provenances coloniales et les provenances étrangères, ou se contenter de réduire graduellement les surtaxes, afin de ménager les transitions. Lequel de ces deux partis est le meilleur ?

Si nous nous trouvions en face d'une situation simple, comme celle où se trouvait l'Angleterre quand elle décréta la réduction des surtaxes, c'est-à-dire si nos colonies n'avaient affaire qu'aux producteurs étrangers, nous dirions que rien n'empêche d'opérer en ceci, comme en tout le reste, avec mesure et par réductions graduelles. Qu'importe, dirions-nous, que le bien se fasse un peu plus lentement, pourvu qu'il se tasse ? Ces lenteurs mêmes sont salutaires, si elles peuvent nous épargner les perturbations que toute innovation trop brusque entraîne. Mais nous nous trouvons, au contraire, en face d'une situation très complexe qui appelle, selon nous, une solution plus immédiate et plus tranchée. Pendant que l'on hésite, pendant que l'on diffère, le sucre de betterave marche à grands pas vers l'envahissement total du marché français. Ce n'est pas seulement le présent qui souffre, l'avenir même est menacé, s'il n'est déjà, dans une certaine mesure, compromis. Il y a donc ici une puissante raison pour se hâter. D'un autre côté, cette concurrence même du sucre de betterave, qui s'attaque au principal produit de nos colonies, ne les a-t-elle pas déjà suffisamment préparées au régime nouveau qu'il s'agirait d'inaugurer ? Dans leur situation actuelle, nos colonies supportent les inconvénients de la concurrence sans jouir des avantages de la liberté. Leur émancipation commerciale devant être une conséquence naturelle et nécessaire de la suppression de leur monopole, elles auraient certainement plus à gagner qu'à perdre au changement. Nul danger d'ailleurs qu'elles soient embarrassées du placement de leurs sucres dans un temps où l'Angleterre et la France augmenteraient leur consommation comme à l'envi. Quant au commerce de la métropole, sans perdre, comme on le suppose à tort, le débouché de nos colonies, qui grandirait pour certains articles, quoiqu'il pût s'amoindrir pour quelques autres, il gagnerait immédiatement de nouveaux et très importants débouchés dans les pays dont nous recevrions les produits.

En supposant qu'on s'arrête à ce parti, quel serait le taux des droits à établir ? Sur le café, tant étranger que colonial, nous voudrions qu'on fixât dès à présent le droit à 30 francs les 100 kilogrammes, sans addition du décime de guerre, auquel il est bien temps de renoncer après trente-deux ans de paix. Comme les droits actuellement perçus ressortent, en moyenne, à environ 93 fr., il faudrait que la mise en consommation triplât pour que la recette, qui a été de 14,800,000 fr. en 1845, fût à peu près rétablie. Ce résultat serait atteint, selon nous, dès la première année, non-seulement parce que la consommation augmenterait en réalité, mais encore parce que la contrebande, qui est aujourd'hui très active sur cet article, serait immédiatement anéantie, et qu'en outre le café reprendrait une partie de la place que la chicorée lui ôte. En deux ou trois ans au plus, le chiffre des recettes de 1845 serait grandement dépassé. Sur le cacao, le droit, qui varie actuellement de 40 à 95 fr. les 100 kilogrammes, non compris le décime, serait réduit à 25 fr. net. La recette, qui a été d'un peu plus de 1 million en 1845, ne serait probablement rétablie que dans deux ou trois ans, car le cacao n'est pas un de ces articles dont la production puisse s'accroître instantanément au gré de la demande. Pour la première année, il y aurait donc une faible perte à subir ; plus tard, le bénéfice serait sensible. Pour le thé, les droits varient aujourd'hui de 150 à 500 fr. les 100 kilogrammes ; on y substituerait un chiffre unique de 60 fr. Par rapport à cet article, comme les recettes actuelles sont tout-à-fait insignifiantes (222,000 fr. en 1845), il n'y aurait qu'à gagner au changement. L'augmentation ne serait probablement pas aussi rapide que sur le café, mais elle serait progressive, et il ne faudrait pas désespérer de voir ce seul article payer au trésor public un tribut de 50 millions dans dix ans. Ce chiffre serait encore, après tout, fort modeste, puisqu'en Angleterre le produit du droit sur le thé s'élève dès à présent à plus de 125 millions par an. Sur toutes les autres denrées coloniales, sauf le sucre, comme, par exemple, la cannelle, le gingembre, les clous de girofle, le poivre, le piment, la vanille, le macis, les muscades, etc., on ferait des réductions proportionnelles. Le résultat immédiat ne serait peut-être que de rétablir les recettes à leur niveau actuel, mais avec la certitude d'une augmentation progressive et rapide dans l'avenir.

C'est, au reste, sur le sucre qu'il y aurait à obtenir des résultats immédiats et qui seraient merveilleux. Si l'on réduisait, par exemple, le droit à 35 fr. les 100 kilogrammes, sans addition de décime, et surtout sans distinction des provenances ni même des qualités, la consommation, favorisée tout à la fois par l'abaissement du prix et par le plus grand usage du thé, du café, du cacao, de toutes les substances enfin qui provoquent l'emploi du sucre, serait certainement plus que doublée en un an. Laissant en dehors la production du sucre indigène, que nous supposerions maintenue à son niveau actuel, nous pensons que la crise en consommation du sucre exotique, qui, déduction faite des exportations en raffinés, ne s'est pas élevée à 90 millions de kilogrammes en 1845, atteindrait certainement le chiffre de 200 millions. Alors la recette, qui n'a pas excédé 51 millions en 1845, serait immédiatement portée à 70 millions, et, comme la quotité du drawback sur les raffinés aurait été réduite dans la proportion de l'abaissement du droit perçu, le montant des restrictions à faire tomberait de 13,198,100 fr., chiffre de 1845, à environ 7 millions de francs. Le revenu final sur cet article, sans parler de l'économie à faire sur les frais de perception, s'élèverait donc d'environ 38 millions à 63, laissant ainsi au trésor, sur le seul article sucre, et dès la première année, an bénéfice net de 25 millions.

Ce résultat si beau serait encore peu de chose, toutefois, en comparaison de ceux que promettrait l'avenir. En moins de quatre ans, la France atteindrait sans peine le niveau de la consommation actuelle de l'Angleterre par tête d'habitant, ce qui, en comptant toujours le sucre indigène pour le chiffre actuel de sa production, élèverait l'importation du sucre de canne à plus de 300 millions de kilogrammes. A raison de 35 francs par quintal métrique, cette importation procurerait au trésor 105 millions de francs ; et comme sur les autres denrées coloniales le produit se serait également accru dans l'intervalle, la recette sur l'ensemble du chapitre excéderait certainement alors 150 millions.

Arrêtons-nous un instant sur cette donnée. Voilà donc la recette sur le seul chapitre des denrées coloniales élevée à 150 millions dans quatre ans. Ce résultat nous paraît si peu douteux, que nous n'hésiterions pas à porter le chiffre beaucoup plus haut, s'il ne fallait en tout cela se tenir constamment au-dessous des prévisions légitimes. Comme le montant total des recettes de la douane n'a été que d'environ 152 millions en 1845 [9] ; comme, d'un autre côté, il y aurait, dans le système que nous proposons, des économies assez importantes à faire tant sur les restitutions de droits que sur les frais de perception, on voit que le seul chapitre des denrées coloniales produirait plus que la douane ne perçoit aujourd'hui sur tout l'ensemble de nos importations. Si l'on ajoute à cela le produit des autres articles maintenus au tarif, produit que nous avons évalué plus haut à environ 90 millions, mais qui atteindrait sans peine le chiffre de 150 millions dans quatre ans, on trouvera qu'au bout de ce terme la recette totale de la douane s'élèverait pour le moins à 300 millions, c'est-à-dire à plus du double du revenu actuel. Tels sont les résultats que le gouvernement tient dans sa main, et qu'il peut réaliser quand il voudra, tout en améliorant sensiblement à d'autres égards la situation générale du pays.

C'est alors pourtant, au terme de ces quatre années, qu'il conviendrait de diminuer de nouveau, et d'une manière progressive, jusqu'à les réduire à néant, les droits que nous avons provisoirement maintenus sur les matières premières, telles que fontes, fers, cotons, laines, lins, chanvres, graines oléagineuses, etc., aussi bien que sur les denrées alimentaires, comme les céréales et les bestiaux. Les recettes pourraient donc commencer à s'affaiblir sur ces articles, car les droits descendraient bientôt à ce degré où ils cessent d'être largement productifs de revenu. Toutefois, comme les réductions ne seraient que graduelles, et comme, à mesure que le revenu faiblirait de ce côté, il continuerait à grossir sur les denrées coloniales, il serait facile de le maintenir, sur l'ensemble, à ce niveau de 300 millions qu'on aurait une fois atteint. Il ne faudrait certainement pas plus de dix ans pour que les seules denrées coloniales produisissent cette somme entière. Dans dix ans, en effet, la consommation du sucre de canne s'élèverait en France, en supposant toujours le droit à 35 francs, à 500 millions de kilogrammes pour le moins, ce qui donnerait déjà une recette de 175 millions. Les autres articles, café, thé, cacao, cannelle, poivre, piment, etc., produiraient sans peine le reste. On pourrait s'arrêter à ce dernier chiffre, en se fiant pour le reste à l'action du temps. Alors le moment serait venu de rayer définitivement du tarif tous les autres articles de quelque genre qu'ils soient, d'admettre en pleine franchise non-seulement les matières premières et les denrées alimentaires, mais encore les articles manufacturés, d'inaugurer enfin le régime d'une liberté parfaite.

Cependant le droit de 35 francs les 100 kilogrammes, auquel nous nous sommes arrêté, quoique fort inférieur au droit actuel, surtout si l'on considère que nous faisons disparaître à la fois les distinctions de provenances et les distinctions de qualités, paraîtra sans doute encore fort élevé. Il serait convenable de le fixer à ce taux pendant les premiers temps, de peur qu'une réduction trop forte au début n'occasionnât un mécompte au moins momentané dans les prévisions ; mais, dans la suite, il conviendrait peut-être de l'abaisser encore par degrés. Il faut se souvenir que le transport du sucre est ou doit être une des principales ressources de notre marine marchande. C'est d'ailleurs une substance très bienfaisante, très saine, et d'une utilité infinie pour les populations. Ainsi, dans l'intérêt des consommateurs aussi bien que dans l'intérêt de la marine, nous croyons qu'il conviendrait de réduire progressivement le droit à 25 francs le quintal métrique, peut-être même à 20 francs, selon que l'expérience aurait montré jusqu'où l'accroissement de la consommation répond assez exactement à la baisse des prix. Au taux de 25 francs, pour que la recette annuelle se maintînt au chiffre de 175 millions, il faudrait que la consommation s'élevât à 700 millions de kilogrammes par an. Il nous semble que ce résultat, quelque phénoménal qu'il doive paraître aujourd'hui, ne serait pas très difficile à obtenir. Arrêtons-nous toutefois au taux de 35 francs que nous avons d'abord admis. Il offrirait déjà une amélioration très notable dans le présent. Sachons réserver la part de l'avenir.

Douterait-on par hasard de la possibilité d'élever la consommation du sucre en France à 500 millions de kilog. dans dix ans ? Ce serait pourtant encore bien peu, si l'on considère les usages si variés de cette substance et l'extension pour ainsi dire indéfinie dont la consommation est susceptible. En supposant que la population de la France fût encore dans dix ans ce qu'elle est aujourd'hui, ces 500 millions de kilogr. ne représenteraient qu'une consommation moyenne de 14 kilogrammes par tête. Or, les marins de la marine royale en Angleterre n'en consomment pas moins de 24 kilogrammes par tête et par an. On en distribue 17 kilogrammes aux pauvres détenus dans les *work-houses*. Si l'on en croit les rapports de quelques négociants anglais, entendus, au mois de mars 1847, dans l'enquête sur les lois de navigation, la consommation dans l'Australie anglaise ne serait pas moindre de 45 kilogrammes par tête et par an. Serait-il donc si téméraire de prétendre que la consommation moyenne de la population française pourrait, dans dix ans, atteindre à la moitié de celle de la population australienne ? Or, dans ce cas, le chiffre que nous avons admis pour la consommation totale serait grandement dépassé.

Quant à la possibilité pour les pays producteurs de suffire à cette consommation croissante, elle est si bien constatée aujourd'hui, qu'il serait à peine utile de la démontrer. Nous n'ignorons pas les

Charles Coquelin

laborieux calculs que l'on a faits sur ce sujet et les conclusions sévères que l'on a prétendu en tirer ; mais nous savons aussi tout ce que ces calculs ont de vain. Il est impossible, d'abord, de déterminer, nous ne dirons pas d'une manière exacte, mais seulement d'une manière raisonnablement approximative, le montant actuel de la production du sucre dans le monde entier ; et, quand on y réussirait, le chiffre de la production actuelle ne prouverait rien quant à la production possible. Qu'on veuille donc bien se souvenir que jusqu'ici la culture de la canne à sucre a été constamment découragée dans les pays tropicaux, par l'incroyable obstination que l'Europe a mise à repousser ce produit, quand il ne venait pas exclusivement de quelques points déterminés. Si l'on considère que quelques portions fort restreintes du territoire français, exceptionnellement semées en betterave, plante qui ne contient que de faibles parties saccharines, ont produit l'année dernière 53 millions de kilogrammes de sucre, et même davantage en tenant compte des quantités fraudées, on pourra se faire une idée de la masse énorme que jetterait au besoin sur le marché de l'Europe un empire tel que le Brésil, si la culture de la canne y devenait, comme il est permis de s'y attendre, la principale culture du pays. Cependant le Brésil n'est pas à beaucoup près le seul pays sur lequel l'Europe puisse compter. Le doute n'est donc pas permis sur la possibilité d'un accroissement suffisant. L'est-il davantage sur la rapidité de cet accroissement ? ' Les faits ont déjà répondu. Qu'avons-nous vu en Angleterre ? En 1846, les droits sur les sucres étrangers sont réduits ; aussitôt la consommation augmente dans une très forte proportion. Et non-seulement l'importation suit sans effort le progrès de cette consommation croissante, mais elle la devance de beaucoup, car, tandis que la consommation ne s'est accrue, dans les six premiers mois de 1847, comparativement aux six premiers mois de l'année précédente, que de 25,900,000 kilogrammes, l'importation s'est accrue de plus de 50 millions. Cinquante millions en six mois, c'est cent millions en un an. Pourtant il s'en faut de beaucoup que l'Angleterre ouvre ses portes toutes grandes aux importations du monde entier. Comment douter après cela de la possibilité, pour les pays producteurs, de livrer à la France 500 millions de kilogrammes dans dix ans ?

Tout ceci suppose, comme on l'a vu, que les surtaxes seraient entièrement abolies, et qu'une égalité parfaite serait établie entre les provenances de nos colonies et celles des pays étrangers. Si l'on jugeait devoir adopter d'abord un régime de transition, les résultats obtenus seraient moins brillans, bien qu'il fût encore possible de réaliser de beaux avantages, pourvu qu'on eût soin de modérer beaucoup les surtaxes et de faire disparaître au moins les distinctions si mal à propos établies entre les divers pays étrangers. Dans ce cas, le droit pourrait demeurer fixé à 35 fr. les 100 kilogrammes sur les sucres étrangers, et on le réduirait à 30 fr. sur le sucre de nos colonies. Pour les autres denrées, on admettrait des différences proportionnelles, en procédant toujours par réductions sur les provenances des colonies plutôt que par aggravations sur les provenances étrangères. De cette manière, l'accroissement de la consommation serait le même que dans l'hypothèse précédente, et, à ce point de vue, nous n'avons rien à changer à nos calculs. Seulement la part du trésor public serait moins belle, bien que toujours fort supérieure à celle que lui fait le régime présent. Ce qu'il y aurait peut-être de plus fâcheux dans cette combinaison, c'est que la fabrication du sucre indigène, qui entrerait en partage du privilège colonial, continuerait probablement ses envahissements, envahissements aussi funestes aux intérêts agricoles qu'aux intérêts maritimes du pays. Si l'on ne peut pas, si l'on ne doit pas désirer la ruine de cette industrie, aujourd'hui qu'elle existe et que de grands capitaux y sont engagés, on doit désirer du moins qu'elle demeure renfermée dans ses limites présentes. On l'y contiendrait, selon toute apparence, avec un régime d'égalité parfaite, qui serait pourtant très favorable à l'écoulement des produits ; mais en maintenant un privilège, si faible qu'il fût, nous craindrions que l'on n'y parvînt pas si sûrement. Et puis, n'est-ce donc rien que l'affaiblissement des recettes publiques, dans un temps où nos finances sont délabrées et où la question financière est précisément la clé de toutes les autres ? Ce sont ces considérations, jointes à l'insuffisance notoire de la production de nos colonies, qui nous feraient repousser, par rapport aux marchandises qui nous occupent, tout régime de transition.

Il nous reste à jeter maintenant un coup d'ail général sur tout ce qui précède.

Le tarif simplifié tant par la suppression totale des droits à l'exportation que par une large réduction du nombre des articles taxés à l'importation ; les matières premières mises à la portée de l'industrie et les objets de consommation usuels à la portée du peuple ; la position de notre marine marchande améliorée et son rôle agrandi, non-seulement par l'abaissement du prix de tous les matériaux de construction des navires, mais encore et surtout par un énorme accroissement des éléments du fret ; les recettes de la douane augmentées de 30 à 35 millions dès la première année et plus que doublées en quatre ans ; nos finances rétablies, et par là toutes les améliorations intérieures rendues possibles : tels seraient les résultats généraux de la réforme dont nous venons de dérouler le tableau. Et tout cela peut être obtenu sans effort, sans crise, sans aucune perturbation fâcheuse, disons même sans qu'aucun intérêt existant ait à souffrir.

Que cette réforme doive être favorable, en effet, à l'industrie, au commerce et à l'agriculture, c'est ce que nous avions tâché de prouver d'avance dans les études auxquelles nous nous sommes livré précédemment. Tout le monde ne l'avouera pas, sans doute ; nous espérons toutefois que les esprits non prévenus le reconnaîtront dès à présent ; les autres seront bien forcés de se rendre tôt ou tard à l'évidence. Quoi qu'il en soit, nous désirons au moins que notre pensée sur ce point soit bien comprise. Ce que nous disons, ce n'est pas seulement que nos grandes industries ne recevraient de cette réforme aucune atteinte fâcheuse : nous affirmons hautement qu'elles y puiseraient une vie nouvelle, qu'elles y trouveraient des éléments de force et de grandeur qui leur manquent dans leur état présent, en un mot, qu'elles passeraient presque toutes de l'état d'atonie ou de langueur où elles se trouvent à un état de vigueur et de prospérité. Quant à la marine, les avantages qui ressortiraient pour elle des mesures proposées sont tellement frappants, qu'il serait à peine utile d'insister sur ce sujet. Au reste, c'est sur l'accroissement considérable des recettes de la douane que nous voulions, avant tout, appeler l'attention. Loin d'exagérer cet accroissement inévitable, répétons-le, nous l'avons plutôt amoindri. Or, il faut se souvenir sans cesse que dans ces mots, *accroissement notable des recettes publiques*, sont comprises en germe la réforme postale, la réforme de notre système d'impôt et toutes les améliorations positives que le pays réclame depuis longtemps.

Des denrées coloniales comme sources du revenu

Il va sans dire que tous les calculs que nous avons faits sur l'accroissement probable de ces recettes supposent un temps de calme ; ils seraient nécessairement démentis dans un temps de crise et d'agitation politique comme celui que nous traversons en ce moment. Est-ce à dire pour cela qu'il faille renoncer aujourd'hui à effectuer une telle réforme ? Au contraire, c'est une raison de plus pour l'entreprendre sans tarder. Si le résultat ne se manifeste pas, pour l'année courante, par une augmentation positive du revenu public, il se fera sentir du moins par une atténuation du déficit inévitable dont la crise actuelle nous menace.

Notes

1.   Voyez l'exposé des motifs du projet de loi présenté dans la session de 1847, page 10.

2.   Pour donner aux personnes étrangères à ces matières une idée de la finesse de ces fils, il nous suffira de dire que, dans le système métrique, le numéro se compte d'après le nombre de mille mètres nécessaire pour former un demi-kilo en poids. Ainsi un fil du n° 143 est celui dont il faut 143,000 mètres pour former un demi-kilo. De même, du n° 200, il faut 200,000 mètres pour former un demi-kilo, ainsi de suite.

3.   il est même arrivé quelquefois que le montant des primes payées à l'exportation a excédé, par rapport aux sucres étrangers, la somme des droits perçus. Par exemple, en 1845, on ne trouve en recette, à l'importation des sucres étrangers, qu'un chiffre de 8,439,614 francs, tandis que les restitutions de droits, soi-disant sur les mêmes sucres, se sont élevées, dans la même année, à 9,672,758 francs, ce qui prouve que ces sucres étrangers, loin de rester dans la consommation de la France, y servent plutôt de prétexte pour favoriser, au moyen de la fraude, l'écoulement au dehors d'une certaine quantité de sucre colonial ou indigène.

4.   Cette production est tombée, savoir : pendant les années de l'apprentissage des nègres, en 1835, 36 et 37, à 173,879,600 kil. en moyenne, et après l'émancipation complète, en 1839, 40 et 41, à 119,839,000 kil. Elle s'est pourtant relevée dans la suite, mais sans remonter à son ancien niveau. L'importation de toutes les colo-

nies anglaises réunies, pour les six premiers mois de 1847, a été de 142 millions de kilogrammes, ce qui suppose environ 284 millions pour l'année entière.

5.   L'Angleterre a fait cette expérience en 1843. A cette époque, on avait dégrevé seulement les sucres des colonies, sans modifier la taxe sur les sucres étrangers. L'importation n'ayant pas augmenté sous ce régime, il en est résulté une perte annuelle d'environ 50 millions pour le Trésor public, sans aucun avantage pour les consommateurs. C'est seulement après la loi de 1846, qui dégrevait les sucres étrangers, que l'Angleterre a vu augmenter sa consommation et ses recettes. Il en serait de même, et à bien plus forte raison, pour la France.

6.   En vertu de la loi de 1846, la réduction de la surtaxe doit être graduelle, de manière à ce qu'elle ait entièrement disparu après un terme de cinq ans.

7.   Ce calcul de la consommation par tête se rapporte à la Grande-Bretagne seulement, non compris l'Irlande.

8.   La mise en consommation du cacao a été pour la France, en 1845, de 1,859,300 kil. Ce chiffre répond exactement à la moyenne des cinq années antérieures, ce qui prouve qu'il n'y a pas de progrès.

9.   Ce résultat a très peu varié pour les trois années que nous avons prises pour base de nos calculs, 1844, 1845 et 1846.

ISBN : 978-1973955108